비영리회계 입문

non-profit making accounting

강나라 지음

유원북스

머리말

우리나라에서 교육, 의료, 환경, 복지 등의 많은 활동들이 비영리법인에 의해 이루어진다. 그리고 비영리법인의 수도 계속적으로 증가해 왔다. 하지만 비영리회계의 발전은 조금 더딘 감이 있다.

영리법인은 이윤을 추구하여 구성원에게 이를 분배함으로써 경제적 이익을 추구하지만, 비영리법인은 이윤추구를 목적으로 하지 않는다는 중요한 차이점이 있다. 이와 같은 본질적 성격의 차이로 인하여 비영리법인의 회계·세무는 영리법인과 큰 차이가 있다.

비영리법인의 회계는 영위하는 목적사업에 따라 별도의 회계기준을 관련 법령에서 규정한 경우가 많으며, 그 내용에 큰 편차가 있다. 이는 하나의 회계기준에서 담아내기에는 목적사업의 성격이 매우 다양하기 때문이다. 그 외에 비영리법인이 적용할 수 있는 회계기준으로 한국회계기준원이 2003년에 제정한 「비영리조직의 재무제표 작성과 표시 지침서」가 있다.

한편, 우리나라 세법에서는 비영리법인의 공익적 활동을 지원하기 위하여 고유목적사업준비금의 설정, 공익법인출연재산 상속세 비과세 등 세제상의 혜택을 부여하고 있다. 세법에서 비영리법인에게 요구하는 사항은 점차 복잡해져 온 반면에, 이에 대하여 실무적으로 뒷받침할 수 있는 전문인력은 충분하지 않은 실정이다. 일부의 경우 선의의 목적으로 한 기부활동에 대해서 예상치 못한 세금이 과세되는 경우도 있었다. 이처럼 예기치 않은 결과가 초래된 것은 세법에서 비영리법인에 요구하는 복잡한 규정들을 파악하기 쉽지 않기 때문이다.

학부생의 수준에서 볼 수 있는 비영리회계에 관련한 교재가 많지 않다. 본 교재는 입문자의 눈높이에서 비영리회계를 접했을 때 그 윤곽을 파악하기가 쉽지 않다는 현실적 고민에서 출발한다. 따라서 본 교재는 비영리법인에 적용되는 회계기준과 세무상의 특이점을 입문자가 쉽게 이해할 수 있도록 하는 데 주안점을 두었다. 본 교재가 비영리회계의 입문자 특히 학부생들이 비영리회계의 개념과 기초지식을 습득하는 데 도움이 되기를 희망한다.

2017년 2월

저자 씀

차 례

제 1 장

비영리회계일반

Ⅰ. 법인의 의의

기본적으로 권리능력은 자연인에게 있다. 법인이란 전형적인 권리능력의 주체인 자연인 이외의 것으로서 법인격(권리능력)이 인정된 것이다. 일정한 목적과 조직을 가진 사람의 결합인 단체(사단 또는 조합)와 일정한 목적을 위하여 조성된 재산(재단)도 각각 사회에서 중요한 역할을 담당하기 때문에 법률관계의 주체가 될 수 있다. 따라서 '사람'이나 '재산'의 결합체에 대하여 법률로써 권리능력을 부여하고 이를 법인이라 부른다.[1)]

Ⅱ. 법인의 종류

1. 민법상 법인의 구분

인간은 예외적인 경우를 제외하고는 법률관계에서 권리와 의무의 주체가 된다. 하지만 자연인 이외에도 법률상 권리·의무의 주체가 될 수 있는데, 이를 법인으로 칭한다. 이는 법률에 의하여 일정한 요건을 갖춘 단체에 권리와 의무의 주체가 될 수 있도록 한 것이다.

민법상 법인은 사단법인과 재단법인으로 구분할 수 있다. 사단법인은

1) 법률용어사전, 이병태, 2011. 1. 15. 법문북스.

구성원이 사람인 단체를 말한다. 구성원에 해당하는 사람을 '사원'이라고 칭한다. 주식회사는 대표적인 사단법인이다. 주식회사의 경우 구성원이 '주주'로 이루어진 사단법인에 해당된다.

재단법인은 특정 목적을 달성하기 위해 바쳐진 재산에 의해 이루어지는 법인이다. 사단법인이 사람들의 집합체라면 재단법인은 재산에 법인격을 부여한 법인이라고 할 수 있다. 따라서 재단법인은 구성원에 해당하는 사람이 없다는 것이 중요한 특징이다. 재단법인은 구성원을 이루는 사람이 없으므로, 정관에 의하여 목적달성에 바쳐진 재산을 운용하게 된다. 의료법인, 학교법인 등은 대표적인 재단법인에 해당된다.

(1) 사단법인

사단법인은 다수의 사람들이 모여 공동목적의 사업을 하기 위하여 결합한 인적 단체로서 설립등기에 의해 법인격을 취득한 것을 말한다. 사단법인의 핵심은 구성원의 단체설립의사와 사단법인의 목적이다.

1) 구성원의 설립의사

사단법인의 설립은 구성원의 의사표시를 요소로 하는 법률행위이다. 설립의사 없이는 사단법인이 존재할 수 없다.

2) 정 관

정관은 단체의 헌법과 같은 기능을 하는 것으로 단체의 기본규범을 정한다. 즉, 조직 내부의 헌법에 해당한다. 사단법인의 정관은 구성원의 자유로운 의사에 의하여 작성되며, 정관의 작성과 변경은 구성원의 의사에 따라 이루어진다. 하지만 이것이 모든 행위가 가능하다는 것을 의미하는 것은 아니다. 사단법인의 설립은 허가주의를 채택하고 있으므로, 법령과 설립목적에 부합하는 범위 내에서 정관작성의 자유재량이 인정된다.

(2) 재단법인

설립자가 출연한 재산을 기초로 하여 일정한 설립목적을 달성하기 위해

활동하는 사업체를 재단법인이라고 한다. 설립자의 설립의사와 기본재산이 재단의 중심을 이룬다. 설립목적에 따라 지속적으로 사업을 하기 때문에, 사단법인에 비하여 목적, 활동, 기관, 재산이 고정적이다.

1) 설립자의 지위

재단법인은 설립자의 설립에 기하여 설립된다. 설립의사는 재단법인을 성립시키는 외에 법인의 목적, 기관을 형성하는 효과를 갖는다. 재단의 설립목적은 설립자가 정하는데, 설립자는 재산의 출연과 함께 정관을 작성할 권한을 갖는다. 정관의 변경은 설립의사에 의해 작성된 정관에서 그 변경방법을 정한 때에만 가능하므로 그 변경에도 설립자의 의사가 미친다고 할 수 있다.

2) 기 관

재단법인에는 사원총회는 존재하지 않으나, 대표기관은 있다. 설립자의 설립의사를 구체적으로 실행하기 위한 세부적 결정은 대개 이사회에 위임되어 있다. 재단법인의 이사, 이사회, 대표권에 대하여는 사단법인과 차이가 없다.

(3) 사단법인과 재단법인의 차이점

사단법인과 재단법인에서 기관, 설립의 목적범위, 정관의 구속력 등에서 차이가 발생하는 근본적인 이유는, 하나는 사람들의 집합체이나 다른 하나는 구성원으로서의 사람이 존재하지 않는 대신에 재산의 집합체라는 점에 기인한다. 구성원을 가지는 사단법인은 사원총회에 의하여 그 의사를 자주적으로 결정할 수 있다. 이에 반하여 재단법인은 사원의 합의에 의하여 의사를 결정하는 것이 아니다. 대신에 재단법인은 설립자의 의사에 의하여 정하여진 대로 활동하며 이는 정관에 의하여 실행된다. 사단법인에는 비영리사단법인과 영리사단법인이 있는 것에 반하여, 재단법인은 언제나 비영리법인이다. 이는 재단법인의 경우 이윤을 분배할 구성원이 없으므로 영리법인이 될 수 없기 때문이다.

[법인의 분류]

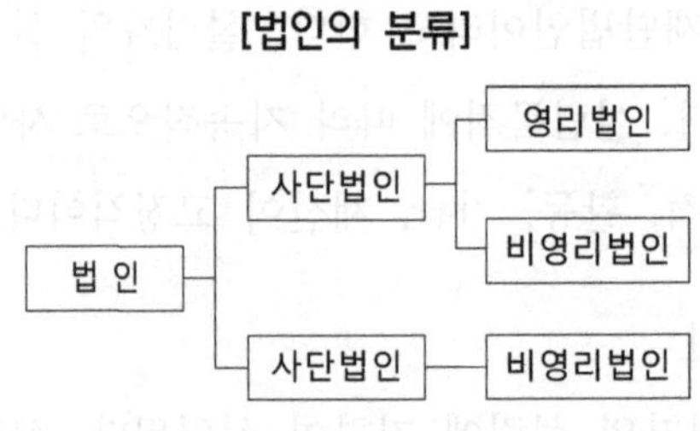

Ⅲ. 영리법인과 비영리법인

1. 영리법인과 비영리법인

민법에서는 학술, 종교, 자선, 기예, 사교 기타 영리 아닌 사업을 목적으로 하는 사단 또는 재단을 비영리법인으로 규정하고 있다. 어떤 단체가 영리성을 띠는가는 단체의 주관적 목적과 객관적 활동의 두 측면을 종합적으로 고려하여 판단되어야 한다. 민법의 적용을 받는 단체는 원칙적으로 비영리사업을 목적으로 하는 사단 및 재단이다. 예외적으로 '영리를 목적으로 하는 사단'도 법인이 될 수 있다. '영리를 목적으로 하는 재단'은 법인격 취득이 불가능하다. 비영리법인에 관해서는 민법 이외에 「공익법인의 설립·운영에 관한 법률」 등 특별법이 적용된다.

2. 영리성의 의미

영리법인은 경제적 이익을 목적으로 설립되고 이익의 극대화를 위해 노력하며 그 과실을 구성원이나 사원 개개인에게 배분하는 것을 목적으로 설립된 법인이다. 이에 반하여 비영리법인은 이윤을 구성원 또는 개인에게 배분할 수 없다. 영리와 비영리를 구분하는 근본적인 기준은 이윤을 분배하는 것을 목적으로 하느냐 이윤을 분배하지 않느냐에 있다.

「민법」 제32조는 '비영리법인'을 '학술, 종교, 자선, 기예, 사교 기타 영리 아닌 사업을 목적으로 하는 사단 또는 재단'으로 규정하고 있다. 따라서 비영리법인은 원칙적으로 구성원의 경제적 이익을 목적으로 하거나 수익사업, 공익을 저해하는 사업에 참여할 수 없다. 다만, 비영리법인이라고 해서 반드시 불특정 다수인을 위한 공익활동에 적극적으로 참여해야 하는 것은 아니며, 공익을 저해하지 않는 정도면 족한 것으로 해석하는 것이 타당하다. 따라서 비영리법인이 반드시 공익법인을 의미하는 것은 아니다.

3. 공익법인

(1) 공익법인의 설립·운영에 관한 법률

「공익법인의 설립·운영에 관한 법률」에서는 공익법인을 재단법인이나 사단법인으로서 사회 일반의 이익에 이바지하기 위하여 학자금·장학금 또는 연구비의 보조나 지급, 학술, 자선에 관한 사업을 목적으로 하는 법인으로 정의하고 있다.

동 법률에서는 민법에서 정하는 내용을 보완하여 설립허가 기준, 임원, 이사회의 기능 및 소집, 수익사업 및 기본재산과 보통재산에 관한 사항을 보다 구체적으로 규정하고 있다.

한편, 동 법률에서 주무관청은 재단법인은 출연재산의 수입, 사단법인은 회비·기부금 등으로 조성되는 재원(財源)의 수입으로 목적사업을 원활히 수행할 수 있다고 인정되는 경우에만 설립허가를 하도록 규정하고 있다. 이는 공익법인의 설립에 허가주의를 취하고 있음을 의미한다.

(2) 비영리민간단체 지원법

「비영리민간단체 지원법」에서는 비영리민간단체의 자율적인 활동을 보장하고 건전한 민간단체로의 성장을 지원하고 있다.

보다 구체적으로는, 동 법률에서 행정자치부장관 또는 시·도지사는 비영리민간단체에 대하여 다른 법률에 의하여 보조금을 교부하는 사업외의 사업으로서 공익활동을 추진하기 위한 사업에 대하여 소요경비를 지원할 수 있도록 규정하고 있다. 이 법이 정한 지원을 받고자 하는 비영리민간단체는 그의 주된 공익활동을 주관하는 중앙행정기관의 장이나 특별시장·광역시장·특별자치시장·도지사 또는 특별자치도지사에게 등록을 신청하여야 하며, 등록신청을 받은 중앙행정기관의 장이나 시·도지사는 그 등록을 수리하여야 한다.

[비영리민간단체의 요건(비영리민간단체 지원법 제2조)]

1. 사업의 직접 수혜자가 불특정 다수일 것
2. 구성원 상호간에 이익분배를 하지 아니할 것
3. 사실상 특정정당 또는 선출직 후보를 지지·지원 또는 반대할 것을 주된 목적으로 하거나, 특정 종교의 교리전파를 주된 목적으로 설립·운영되지 아니할 것
4. 상시 구성원수가 100인 이상일 것
5. 최근 1년 이상 공익활동실적이 있을 것
6. 법인이 아닌 단체일 경우에는 대표자 또는 관리인이 있을 것

(3) 상속세 및 증여세법

「상속세 및 증여세법」에서는 공익법인에 대한 상속세 및 증여세법상의 세제혜택과 그 한계를 규정하고 있다. 동 법률에서 공익법인을 구체적으로 정의내리고 있지는 않으나, 종교·자선·학술 관련 사업 등 공익성을 고려하여 대통령령으로 정하는 사업을 하는 자로 규정하고 있다.

[상속세 및 증여세법에 의한 공익법인의 범위(시행령 제12조)]

1. 종교의 보급 기타 교화에 현저히 기여하는 사업
2. 「초·중등교육법」 및 「고등교육법」에 의한 학교, 「유아교육법」에 따른 유치원을 설립·경영하는 사업
3. 「사회복지사업법」의 규정에 의한 사회복지법인이 운영하는 사업
4. 「의료법」 또는 「정신보건법」의 규정에 의한 의료법인 또는 정신의료법인이 운영하는 사업

5. 「공익법인의 설립·운영에 관한 법률」의 적용을 받는 공익법인이 운영하는 사업
6. 예술 및 문화에 현저히 기여하는 사업중 영리를 목적으로 하지 아니하는 사업으로서 관계행정기관의 장의 추천을 받아 기획재정부장관이 지정하는 사업
7. 공중위생 및 환경보호에 현저히 기여하는 사업으로서 영리를 목적으로 하지 아니하는 사업
8. 공원 기타 공중이 무료로 이용하는 시설을 운영하는 사업
9. 기타 지정기부금단체등 및 「소득세법 시행령」에 의한 기부금대상민간단체가 운영하는 고유목적사업

(4) 법인세법

「법인세법」에서는 비영리법인의 원천소득에 대한 납세의무에 대하여 규율하고 있다. 동법에서는 비영리법인을 내국법인과 외국법인으로 구분하고 있다.

「법인세법」에서 '비영리외국법인'을 외국법인 중 외국의 정부·지방자치단체 및 영리를 목적으로 하지 아니하는 법인으로 규정하고 있다. 여기서 외국의 정부·지방자치단체도 법인세법상 비영리외국법인에 속함을 유의하여야 한다.

[법인세법에서 규정한 비영리내국법인(법인세법 제1조 제2호)]

1. 「민법」 제32조에 따라 설립된 법인
2. 「사립학교법」이나 그 밖의 특별법에 따라 설립된 법인으로서 「민법」 제32조에 규정된 목적과 유사한 목적을 가진 법인
3. 「국세기본법」 제13조 제4항에 따른 법인으로 보는 단체

(5) 사회복지사업법

「사회복지사업법」은 사회복지사업에 관한 기본적 사항을 규정하여 사

회복지를 필요로 하는 사람의 인간다운 생활을 할 권리를 보장하고 사회복지의 전문성을 높이며, 사회복지사업의 공정·투명·적정을 기함으로써 사회복지의 증진에 이바지함을 목적으로 하는 법률이다. 동 법률에서는 사회복지법인의 설립 및 운영에 관한 사항을 포함하고 있다.

「사회복지사업법」에 의한 사회복지법인은 아래의 법률에서 규정한 사회복지사업을 영위하는 목적으로 설립된 법인을 말한다.

[사회복지사업을 규정하고 있는 법률(사회복지사업법 제2조 제1호)]

가. 「국민기초생활 보장법」
나. 「아동복지법」
다. 「노인복지법」
라. 「장애인복지법」
마. 「한부모가족지원법」
바. 「영유아보육법」
사. 「성매매방지 및 피해자보호 등에 관한 법률」
아. 「정신건강증진 및 정신질환자 복지서비스 지원에 관한 법률」
자. 「성폭력방지 및 피해자보호 등에 관한 법률」
차. 「입양특례법」
카. 「일제하 일본군위안부 피해자에 대한 생활안정지원 및 기념사업 등에 관한 법률」
타. 「사회복지공동모금회법」
파. 「장애인·노인·임산부 등의 편의증진 보장에 관한 법률」
하. 「가정폭력방지 및 피해자보호 등에 관한 법률」
거. 「농어촌주민의 보건복지증진을 위한 특별법」
너. 「식품등 기부 활성화에 관한 법률」
더. 「의료급여법」
러. 「기초연금법」
머. 「긴급복지지원법」
버. 「다문화가족지원법」

서. 「장애인연금법」
어. 「장애인활동 지원에 관한 법률」
저. 「노숙인 등의 복지 및 자립지원에 관한 법률」
처. 「보호관찰 등에 관한 법률」
커. 「장애아동 복지지원법」
터. 「발달장애인 권리보장 및 지원에 관한 법률」
퍼. 「청소년복지 지원법」

(6) 지방세법

「지방세법 시행령」 제22조에서는 비영리사업자의 경우 취득세의 감면 혜택을 규정하고 있다. 또한 「지방세특례제한법」에서는 교육 및 과학기술 등에 대한 지원의 목적과 문화 및 관광 등에 대한 지원의 목적으로 여러 가지 지방세 감면을 규정하고 있다. 「지방세법」상 감면 규정에 해당하는지 여부는 개별 법조항에 따른다.

[취득세 감면대상 비영리사업자(지방세법 시행령 제22조)]

1. 종교 및 제사를 목적으로 하는 단체
2. 「초·중등교육법」 및 「고등교육법」에 따른 학교, 「경제자유구역 및 제주국제자유도시의 외국교육기관 설립·운영에 관한 특별법」 또는 「기업도시개발특별법」에 따른 외국교육기관을 경영하는 자 및 「평생교육법」에 따른 교육시설을 운영하는 평생교육단체
3. 「사회복지사업법」에 따라 설립된 사회복지법인
4. 양로원·보육원·모자원·한센병자치료보호시설 등 사회복지사업을 목적으로 하는 단체 및 한국한센복지협회
5. 「정당법」에 따라 설립된 정당

제 2 장

비영리법인의 설립과 운용

Ⅰ. 비영리법인의 설립

1. 설립의 준비절차

(1) 법령 등의 검토

「민법」 제32조에서는 학술, 종교, 자선, 기예, 사교 기타 영리 아닌 사업을 목적으로 하는 사난 또는 재단은 주무관청의 허가를 얻어 이를 법인으로 설립할 수 있도록 규정하고 있다. 이와 같은 바가 의미하는 것은 비영리법인의 설립에서 주무관청이 개별법률 또는 행정규칙에서 요구하는 사항을 충족하여 비영리법인을 설립할 수 있다는 것이다.

우리나라에서 비영리법인의 활동을 규율하는 법률은 기본법인 「민법」 이외에도 매우 많다. 「공익법인의 설립·운영에 관한 법률」, 「사회복지사업법」, 「사회복지사업법」 제2조에서 기술하고 있는 개별 법률들, 「사립학교법」, 「의료법」 등이 여기에 해당된다. 이들 법률은 민법에 대하여 특별법의 지위에 있다.

한편, 각 행정기관에서는 비영리법인 설립에 대한 행정규칙을 정하고 있다. 비영리법인을 설립하기 위한 사전절차로 관련법률의 검토와 더불어 소관 행정기관에서 정하는 행정규칙을 검토하여야 한다.

[행정기관별 비영리법인 설립에 대한 행정규칙]

- 감사원 소관 비영리법인의 설립 및 감독에 관한 규칙
- 고용노동부 소관 비영리법인의 설립 및 감독에 관한 규칙
- 공정거래위원회 소관 비영리법인의 설립 및 감독에 관한 규칙
- 교육부 소관 비영리법인의 설립 및 감독에 관한 규칙
- 국민권익위원회 소관 비영리법인의 설립 및 감독에 관한 규칙
- 국민안전처 소관 비영리법인의 설립 및 감독에 관한 규칙
- 국방부 및 그 소속청 소관 비영리법인의 설립 및 감독에 관한 규칙
- 국토교통부 및 그 소속청 소관 비영리법인의 설립 및 감독에 관한 규칙
- 금융위원회 소관 비영리법인의 설립 및 감독에 관한 규칙
- 기획재정부 및 그 소속청 소관 비영리법인의 설립 및 감독에 관한 규칙
- 농림축산식품부장관 및 그 소속 청장 소관 비영리법인의 설립 및 감독에 관한 규칙
- 문화체육관광부 및 문화재청 소관 비영리법인의 설립 및 감독에 관한 규칙미래창조과학부 소관 비영리법인의 설립 및 감독에 관한 규칙
- 법무부 소관 비영리법인의 설립 및 감독에 관한 규칙
- 법원행정처소관 비영리법인의 설립 및 감독에 관한 규칙
- 법제처 소관 비영리법인의 설립 및 감독에 관한 규칙
- 보건복지부 소관 비영리법인의 설립 및 감독에 관한 규칙
- 산업통상자원부장관 및 그 소속 청장 소관 비영리법인의 설립 및 감독에 관한 규칙
- 식품의약품안전처 소관 비영리법인의 설립 및 감독에 관한 규칙
- 여성가족부 소관 비영리법인의 설립 및 감독에 관한 규칙
- 외교부 소관 비영리법인의 설립 및 감독에 관한 규칙
- 인사혁신처 소관 비영리법인의 설립 및 감독에 관한 규칙
- 중앙선거관리위원회 소관 비영리법인의 설립 및 감독에 관한 규칙

(2) 정관의 작성

법령 및 행정규칙에 대한 검토가 끝난 후에는, 이를 토대로 정관을 작

성하여야 한다. 정관에는 목적 · 명칭 · 사무소 등 사단법인의 종류에 따라 법률이 정한 필요기재사항을 기재하여야 하고, 그중 한 가지만을 빠뜨려도 정관 전체가 무효가 되는 것(절대적 기재사항)과 기재하지 않아도 정관 자체의 효력에는 영향이 없지만, 기재하지 않으면 그 사항에 대해서 법률상의 효력이 발생하지 않는 것(상대적 기재사항)이 있다.

재단법인의 경우에는 사원자격의 득실에 관한 규정과 존립시기와 해산사유를 정하는 경우 그 사유와 시기는 정관의 기재사항이 아니다. 재단법인은 인적 구성원이 없으므로 사원의 자격은 정관의 기재사항이 될 수 없다. 원칙적으로 재단법인은 해산하지 않는 것으로 간주한다. 하지만 존립시기와 해산사유를 재단법인의 정관에 기재하는 것은 가능하다.

[사단법인 정관의 필수적 기재사항(민법 제40조)]

1. 목적
2. 명칭
3. 사무소의 소재지
4. 자산에 관한 규정
5. 이사의 임면에 관한 규정
6. 사원자격의 득실에 관한 규정
7. 존립시기나 해산사유를 정하는 때에는 그 시기 또는 사유

[비영리법인 설립의 3단계]

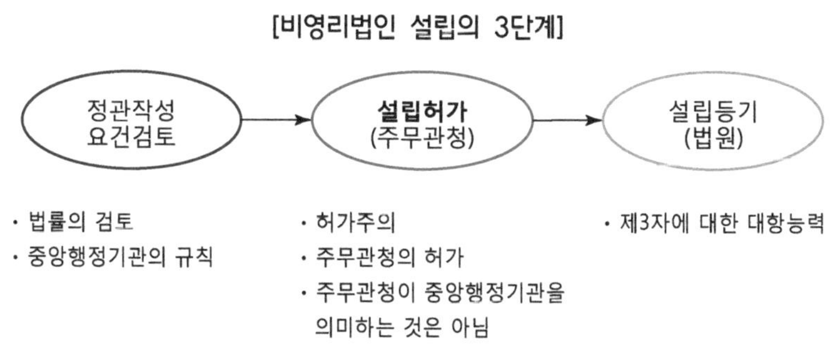

2. 설립허가

(1) 허가의 신청

정관작성을 마친 후 비영리법인을 설립하는 다음 절차로 주무관청에 허가신청을 하여야 한다. 허가신청서와 첨부서류는 주무관청에서 정하는 바에 따른다.

(2) 주무관청의 허가

대체로 주무관청은 다음과 같은 사항을 검토하여 기준에 적합한 경우에 한하여 이를 허가한다. 하지만 주무관청에 따라 구체적인 요건은 다르다. 예를 들어, 사립대학의 설립은 「대학설립·운영에 대한 규정」에 정하는 사항을 충족하는지 검토하게 된다.

1. 법인의 목적과 사업이 실현가능할 것
2. 목적하는 사업을 수행할 수 있는 충분한 능력이 있고 재정적 기반이 확립되어 있거나 확립될 수 있을 것
3. 다른 법인과 동일한 명칭이 아닐 것

일반적으로는 주무관청은 법인설립허가신청을 받은 때에는 특별한 사유가 없는 한 14일 이내에 이를 심사하여 허가 또는 불허가의 처분을 하고, 그 처분내용을 서면으로 신청인에게 통지한다. 법인이 영위하는 사업이 2 이상의 주무관청에 속하는 때에는 두 기관이 협의하여 설립을 허가한다.

3. 설립등기

법인설립의 허가가 있는 때에는 3주간 내에 주된 사무소소재지에서 설립등기를 하여야 한다(민법 제49조). 등기사항은 목적, 명칭, 사무소, 설립허가의 연월일, 존립시기나 해산이유를 정한 때에는 그 시기 또는 사유, 자산의 총액, 출자의 방법을 정한 때에는 그 방법, 이사의 성명과 주소, 이사의

대표권을 제한한 때에는 그 제한에 대한 내용이다(민법 제49조).

Ⅱ. 비영리법인의 설립 이후의 절차

1. 지정기부금단체 신청의 검토

「민법」 제32조에 따라 주무관청의 허가를 받아 설립된 비영리법인 또는「협동조합 기본법」 제85조에 따라 설립된 사회적협동조합 중 다음의 요건을 모두 충족한 것으로서 주무관청의 추천을 받아 기획재정부장관이 지정한 법인은 지정기부금단체 지정을 신청할 수 있다.

지정기부금단체로 지정받은 때에는 해당 비영리법인에 기부하는 개인 또는 법인이 소득세법상 소득공제를 받거나 법인세법상의 손금으로 인정받을 수 있다. 따라서 지정기부금단체로 지정되었을 때에는 기부금을 통한 재원의 조달이 용이하게 된다.

[지정기부금단체의 기본요건(법인세법 시행령 제36조)]

1) 다음 중 하나에 해당될 것
   가) 「민법」상 비영리법인: 정관의 내용상 수입을 회원의 이익이 아닌 공익을 위하여 사용하고 사업의 직접 수혜자가 불특정 다수인 것이 인정될 것
   나) 사회적협동조합: 정관의 내용상「협동조합 기본법」 제93조 제1항 제1호부터 제3호까지의 사업 중 어느 하나의 사업을 수행하는 것으로 인정될 것
2) 해산을 하면 잔여재산을 국가 · 지방자치단체 또는 유사한 목적을 가진 다른 비영리법인에 귀속하도록 한다는 내용이 정관에 포함되어 있을 것
3) 인터넷 홈페이지가 개설되어 있고, 인터넷 홈페이지를 통하여 연간 기부금 모금액 및 활용실적을 공개한다는 내용이 정관에 포함되어 있을 것

2. 지정기부금단체 신청과 지정

지정기부금단체 지정은 주무관청에 요청한다. 주무관청은 검토를 거친 후에 기획재정부에 지정을 요청한다. 이러한 과정을 거쳐 기획재정부는 각 분기별로 지정기부금단체를 고시하게 된다. 지정의 효력은 6년간 유효하며, 연도 중에 지정받은 경우 연도 전체에 유효하다.

[지정기부금단체의 신청과 지정]

주무관청 (서류제출) → 기획재정부 (지정)

Ⅲ. 설립관련 세무

1. 법인의 설립신고

「법인세법」 109조에서는 내국법인은 그 설립등기일부터 2개월 이내에 법인설립신고서와 사업자등록서류 등을 첨부하여 납세지 관할 세무서장에게 신고하도록 규정하고 있다. 이 경우 법인세법 제111조에 따라 사업자등록을 한 때에는 법인설립신고를 한 것으로 본다.

[법인설립신고사항(법인세법 제109조)]

1. 법인의 명칭과 대표자의 성명
2. 본점이나 주사무소 또는 사업의 실질적 관리장소의 소재지
3. 사업 목적
4. 설립일

2. 수익사업의 개시신고

비영리법인은 영리를 목적으로 설립되는 것은 아니지만, 설립목적을 달성하기 위하여 수익사업을 영위할 수 있다. 「공익법인의 설립·운영에 관한 법률」에서는 공익법인은 목적 달성을 위하여 수익사업을 하려면 정관으로 정하는 바에 따라 사업마다 주무관청의 승인을 받도록 규정하고 있다.

비영리내국법인은 새로 수익사업을 시작한 경우에는 그 개시일부터 2개월 이내에 다음 각 호의 사항을 적은 신고서에 그 사업개시일 현재의 그 수익사업과 관련된 재무상태표와 그 밖에 대통령령으로 정하는 서류를 첨부하여 납세지 관할 세무서장에게 신고하여야 한다.

[수익사업의 범위(법인세법 제3조 제3항)]

비영리내국법인의 각 사업연도의 소득은 다음 중 하나의 사업 또는 수입(수익사업)에서 생기는 소득으로 한다.

1. 제조업, 건설업, 도매업·소매업, 소비자용품수리업, 부동산·임대 및 사업서비스업 등의 사업으로서 대통령령으로 정하는 것
2. 「소득세법」 제16조 제1항에 따른 이자소득
3. 「소득세법」 제17조 제1항에 따른 배당소득

3. 사업자등록

「부가가치세법」 제8조에서는 사업자는 사업 개시일부터 20일 이내에 사업장 관할 세무서장에게 사업자등록을 신청하여야 한다. 「법인세법」에서는 사업자등록을 규정하고 있다. 신규로 사업을 시작하는 법인은 납세지 관할 세무서장에게 등록하도록 규정하고 있다. 하지만 「부가가치세법」에 따라 사업자등록을 한 사업자는 법인세법상의 사업자등록을 한 것으로 보므로, 중복하여 사업자등록을 할 필요는 없다. 또한 법인설립신고를 한 경우에는

법인세법에 의한 사업자등록신청의 효과를 가져온다.

한편, 부가가치세 납세의무가 없는 면세사업자의 경우에는 부가가치세법에 의한 사업자등록을 필요로 하지 않는다. 하지만 이 경우에도 법인세법상의 사업자등록은 하여야 한다.

Ⅳ. 설립관련 회계

1. 기본금

의무적으로 적용하여야 하는 통일된 비영리법인의 회계기준이 제정되어 있지 않다. 비영리법인은 관할 주무관청에서 의무적으로 적용하여야 하는 회계기준을 고시한 경우에는 이를 우선적으로 적용하며, 별도로 규정하고 있지 아니하는 경우 일반적으로 인정된 기업회계기준에 의해 회계처리되는 경우가 많다.

일반적으로 비영리법인의 설립에는 기본재산을 출연하는 과정을 거친다. 「사학기관 재무·회계 규칙에 대한 특례규칙」에서는 출연된 기본재산을 기본금으로 회계처리하도록 명문화하고 있다. 의무적인 회계처리기준이 없는 비영리법인에서도 많은 경우 출연된 기본재산을 기본금으로 회계처리하고 있다. 예를 들어, 건물을 기본재산으로 출연한 경우의 회계처리는 다음과 같다.

(차) 건　물　　×××　　(대) 기본금　　×××

[기본금 규정 예시(사학기관 재무·회계 규칙에 대한 특례규칙)]

제24조(대차대조표의 작성방법) ① 대차대조표는 자산·부채 및 기본금으로 구분하고, 자산은 유동자산·투자와기타자산 및 고정자산으로, 부채는 유동부채 및 고정부채로, <u>기본금은 출연기본금·적립금·기본금조정 및 운영차액으</u>

로 각각 구분한다.

제25조(기본금의 증감) 이사장 및 학교의 장은 출연재산으로 인하여 기본재산이 증가한 때에는 그 증가한 자산가액 만큼을 기본금의 증가로 대체한다.

2. 수익사업 원입

많은 경우에 비영리법인은 목적사업과 더불어 수익사업을 영위한다. 법인세법 제113조에 의해 비영리법인이 수익사업을 하는 경우에는 자산·부채 및 손익을 그 수익사업에 속하는 것과 수익사업이 아닌 그 밖의 사업에 속하는 것을 각각 다른 회계로 구분하여 기록하여야 한다.

따라서 수익사업에 속하는 기본재산을 출연한 경우에는 수익사업에 기본재산을 원입하는 회계처리가 추가로 발생한다. 이 경우 두 가지 형태의 회계처리가 가능하다.

첫 번째 방법은 목적사업에 출연된 기본재산을 직접 수익사업회계의 기본금으로 회계처리하는 방법이다. 예를 들어, 수익용 임대건물을 기본재산으로 출연한 경우에 다음과 같이 회계처리할 수 있다.

[목적사업회계] 회계처리없음

[수익사업회계] (차) 건 물 ××× (대) 기본금 ×××

두 번째 방법은 출연된 기본재산을 목적사업회계에 귀속시키고, 출자금으로 수익사업회계에 원입시키는 방법이다. 이 경우 목적사업회계에서 수익사업회계에 출연한 형태의 회계처리가 된다. 「사학기관 재무·회계 규칙에 대한 특례규칙」에서 따르는 방법이 이에 해당된다. 이 방법을 따를 경우 앞의 회계처리는 다음과 같이 된다.

[목적사업회계]	(차) 건　물	×××	(대) 출연기본금	×××
	(차) 출자금	×××	(대) 건　물	×××
[수익사업회계]	(차) 건　물	×××	(대) 기본금	×××

기본재산과 보통재산

1. 기본재산

기본재산은 법인의 설립시에 출연하는 재산으로 목적사업의 달성을 위해 사용되는 부동산 또는 부동산을 말한다. 재산의 물적집합체인 재단법인의 경우에 기본재산은 재단의 설립, 존속에 반드시 필요하다. 기본재산은 설립자의 출연에 의하여 조성된다.

재단의 기본재산은 설립자의 개인재산과 엄격히 분리되어야 한다. 따라서 설립자가 기본재산으로 출연한 재산을 개인용도로 사용하거나 유출할 수 없다. 또한 기본재산의 변경은 정관의 변경을 초래하기 때문에 주무부장관의 허가를 받아야 하고 법원에 등기도 하여야 한다. 따라서 이미 기본재산으로 되어 있는 재산을 처분하는 행위는 물론 기본재산으로 편입하는 것도 주무부장관의 허가를 받아야 한다.

2. 보통재산

보통재산은 기본재산 이외에 비영리법인의 운용에 필요한 집기, 비품, 차량운반구 등을 말한다. 보통재산도 총회 또는 이사회에서 기본재산으로 편입할 것을 의결한 후 주무관청의 허가를 받은 경우 기본재산으로 편입된다. 또한 「공익법인의 설립·운영에 관한 법률 시행령」 제16조에서는 주무관청은 공익법인의 보통재산이 과다하다고 인정할 때에는 그 일부를 기본재산으로 편입하게 할 수 있는 규정을 두고 있다.

제 3 장

비영리법인의 회계기준

Ⅰ. 비영리법인의 회계기준 일반

1. 영리법인의 일반적으로 인정된 회계기준

대표적인 영리법인인 주식회사에서 적용하는 일반적으로 인정된 회계기준으로는 한국채택국제회계기준, 일반기업회계, 그리고 중소기업회계기준이 있다.

한국채택국제회계기준은 「주식회사의 외부감사에 관한 법률」에서 정하는 한국채택국제회계기준 의무적용대상 주식회사의 회계처리에 적용한다. 즉, 유가증권시장과 코스닥시장에 상장된 주식회사는 한국채택국제회계기준에 따라 회계처리한다. 일반기업회계기준은 「주식회사의 외부감사에 관한 법률」의 적용대상기업 중 한국채택국제회계기준에 따라 회계처리하지 아니하는 기업의 회계처리에 적용되는 기준이다. 두 기준은 「주식회사의 외부감사에 관한 법률」에 따라 의무적으로 적용하여야 하는 회계기준이라는 특징이 있다.

중소기업회계기준은 「상법」 제446조의2 및 같은 법 시행령 제15조 제3호에 따라 법무부장관이 금융위원회 및 중소기업청장과 협의하여 고시하는 회계기준이다. 이 기준은 복잡한 회계시스템을 유지하기 어려운 소규모기업의 회계처리를 용이하게 하기 위하여 비교적 간단하게 제정되었다. 한국채택국제회계기준과 일반기업회계기준의 적용대상이 아닌 경우 이를 적용하여 회계처리할 수 있다.

2. 비영리법인의 회계기준

비영리법인에 적용되는 통일된 회계기준은 제정되어 있지 않다. 이는 비영리법인별로 그 성격이 매우 상이하고, 설립의 근거법률에서 요구하는 의무사항이 다르기 때문이다.

일반적인 비영리법인의 회계처리를 지원할 목적으로 한국회계기준원은 2003년에「비영리조직의 재무제표 작성과 표시 지침서」를 제시하였다. 이 기준은 지침을 제시하는 데 목적이 있는 것으로 의무적으로 적용하여야 하는 것은 아니다. 회계기준원은 2013년에 일반기업회계기준의 일반으로「비영리조직회계기준」공개초안을 발표하였다. 공개초안의 발표 이후 이에 대한 의견을 접수하는 과정을 거쳤으나 아직까지 의견을 수렴하여 회계기준으로 공표하지는 못하고 있다. 이는 근본적으로 비영리법인의 회계기준을 제정하는 것이 어렵기 때문으로 볼 수 있다.

한편, 문화체육관광부는「비영리조직회계기준」공개초안의 제정과 발맞추어「문화시설회계기준」연구보고서를 발표한 바 있다. 이는 회계기준원에서 제정하고자 하는「비영리조직회계기준」공개초안이 문화시설 운영단체를 비롯한 문화예술영역의 특수성을 담아내기는 어렵다고 보기 때문이다. 「비영리조직회계기준」제정이 답보되면서「문화시설회계기준」의 제정도 이루어지고 있지 않다.

현재 우리나라에서 사학기관 및 의료기관, 사회복지재단 및 산학협력단에는 각각의 특수성을 고려한 별도의 회계준칙이 제정되어 있다. 이러한 회계준칙은 감독기관인 주무관청에 의하여 제정된 것으로 관계법령의 위임규정에 따라 제정된 것이다. 따라서 일정 요건을 충족하는 비영리법인은 이를 의무적으로 적용하여야 한다.

Ⅱ. 회계기준원 제정 회계기준

1. 비영리조직의 재무제표 작성과 표시 지침서

2003년에 한국회계기준원은 「비영리조직의 재무제표 작성과 표시 지침서」를 발표하였다. 이 지침서는 비영리조직의 일반 목적 재무제표를 작성하고 표시하는 데 있어 지침을 제시하기 위한 것이다. 즉, 비영리조직의 재무제표를 일반인들에게 익숙한 영리조직의 재무제표와 같이 이해하기 쉽게 작성할 수 있도록 하는 지침을 제시하는 데 목적이 있다. 이 지침서에서는 비영리조직의 재무제표는 복식부기회계를 사용하여 작성하며 조직 전체에 대한 재무정보를 표시하도록 규정하고 있다.

하지만 이 지침서는 모든 형태의 비영리조직에 대한 일반 목적 재무제표를 작성할 때 적용가능한 지침으로 의무적으로 적용하여야 하는 것은 아니다.

비영리조직은 조직의 성격과 보유하고 있는 자산 및 부채의 성격에 따라 그 분류방법을 적절히 선택할 수 있다. 비영리조직의 순자산에 대해 제시된 기부자의 제약에 대한 정보는 비영리조직의 재무제표 이용자들에게 유용하다. 따라서 비영리조직의 순자산은 기부자가 제시한 제약의 종류에 따라 다음과 같이 세 가지로 분류하여 표시한다.

① 제약이 없는 순자산
② 일시적 제약이 있는 순자산
③ 영구적 제약이 있는 순자산

이와 마찬가지로 손익계산서와 유사한 운영성과표를 제약이 없는 순자산의 변동, 일시적 제약이 있는 순자산의 변동, 영구적 제약이 있는 순자산의 변동으로 구분하여 작성하도록 제시하고 있다. 이에 더 나아가 제약이 없는 순자산의 변동은 사업수익 및 사업외수익으로 구분하여 운영성과표에 표시하도록 제시하고 있다.

2. 비영리조직회계기준 공개초안

「비영리조직회계기준의 공개초안」은 「비영리조직의 재무제표 작성과 표시 지침서」를 수정 발전시킨 것이다. 이 공개초안 역시 일반정보이용자가 쉽게 이해할 수 있는 일반목적 재무제표를 작성하는 데 적용되는 기준을 제시하는 데 목적이 있다. 이 기준의 공개초안에서도 재무제표를 작성할 때에는 복식부기회계와 발생주의회계를 적용하도록 제시하고 있다. 또한 재무상태표와 운영성과표의 작성의 기본원칙도 「비영리조직의 재무제표 작성과 표시 지침서」와 유사하다.

Ⅲ. 사학기관의 회계기준

사학기관의 회계기준을 규정하는 법률과 행정규칙으로는 사립학교법, 사학기관 재무·회계 규칙, 사학기관 재무·회계 규칙에 대한 특례규칙이 있다.

1. 사립학교법

우선, 사립학교법 제29조에서는 학교법인의 회계는 그가 설치·경영하는 학교에 속하는 회계와 법인의 업무에 속하는 회계로 구분하도록 규정하고 있다. 학교에 속하는 회계는 이를 교비회계와 부속병원회계(부속병원이 있는 경우에 한한다)로 구분할 수 있고, 교비회계는 등록금회계와 비등록금회계로 구분하며, 각 회계의 세입·세출에 관한 사항은 대통령령으로 정하되 학교가 받은 기부금 및 수업료 기타 납부금은 교비회계의 수입으로 하여 이를 별도 계좌로 관리하도록 규정하고 있다.

2. 사학기관 재무·회계 규칙

이 규칙은 「사립학교법」 제32조·제33조 및 제51조 단서의 규정에 의하여 학교법인·공공단체 이외의 법인과 이들이 설치·경영하는 학교 및 사인이 설치·경영하는 학교의 재무와 회계의 운영에 관한 기본원칙을 제시한다.

이 기준의 적용대상은 사립대학에 국한하는 것이 아니라, 사인이 설치·경영하는 초중고등학교에도 적용된다. 또한 사학기관의 회계·예산 및 결산에 관한 내용뿐만 아니라 재산과 물품의 관리에 관한 내용을 담고 있다.

3. 사학기관 재무·회계 규칙에 대한 특례규칙

이 규칙은 사립의 대학·산업대학·전문대학·사이버대학 및 이에 준하는 각종학교와 이를 설치·경영하는 학교법인에 대하여 적용한다.

학교의 교비회계와 법인의 일반업무회계에 관하여 이 규칙에 규정한 것을 제외하고는 사학기관 재무·회계규칙을 적용한다. 부연하여 설명하면, 동 특례규칙은 사학기관 재무·회계 규칙에 대한 특례를 규정한 것으로 이를 우선적으로 적용하여야 한다.

Ⅳ. 산학협력단의 회계기준

산학협력단은 「산업교육진흥 및 산학연협력촉진에 관한 법률」에 근거하여 설립된다. 이 법의 근본적인 입법취지는 산업교육을 진흥하고 산학연협력을 촉진하여 교육과 연구의 연계를 통한 지역사회와 국가의 발전에 이바지하는 것이다.

「산업교육진흥 및 산학연협력촉진에 관한 법률 시행령」 제27조에서는 산학협력단은 대차대조표, 운영계산서, 자금계산서를 작성하도록 규정하고 있다.

또한 회계처리와 재무제표 작성에 필요한 세부 사항은 교육부장관이 정하여 고시하도록 규정하고 있다. 이에 따라 고시된 회계처리기준이 「산학협력단회계처리규칙」이다.

이 규칙은 산학협력단의 예산·회계·결산을 보고하기 위한 재무제표를 작성하는 경우에 적용한다. 이 규칙에 별도로 정하지 않는 경우에는 「일반기업회계기준」을 우선적용하고 「사학기관 재무·회계규칙에 대한 특례규칙」을 다음 순으로 적용하도록 규정하고 있다.

Ⅴ. 의료법인의 회계기준

「의료법」 제62조에 따라 100병상 이상의 종합병원 의료기관의 개설자는 「의료기관 회계기준 규칙」에 따라 재무제표를 작성하여야 한다. 동 규칙에서는 의료기관이 작성하여야 하는 재무제표로 재무상태표, 손익계산서, 기본금변동계산서, 현금흐름표를 제시하고 있다.

동 규칙 제3조에서는 병원의 개설자인 법인의 회계와 병원의 회계는 구분하도록 규정하고 있다. 하지만 대부분의 병원에서는 법인회계에 대한 회계를 운영하고 있지 아니하다. 이는 의료법에서 법인의 운영에 대한 별도의 규정을 두고 있지 아니하므로 법인의 운영과 관련된 회계가 발생하지 않는 것으로 볼 수 있다. 한편, 법인이 2 이상의 병원을 설치·운영하는 경우에는 각 병원마다 회계를 구분하여야 한다.

「의료기관 회계기준 규칙」에서는 재무제표의 세부작성방법을 보건복지부장관이 정하여 고시하도록 위임하고 있다. 이에 따라 보건복지부장관은 「재무제표 세부 작성방법」을 고시하고 있다. 동 고시에서는 의료기관이 재무상태표, 손익계산서, 기본금변동계산서, 현금흐름표 및 주석을 작성하는 세부적인 방법을 기술하고 있다.

Ⅵ. 사회복지법인의 회계기준

「사회복지사업법」 제23조 제4항, 제34조 제3항 및 제45조 제2항의 규정에 의하여 사회복지법인 및 사회복지시설의 재무·회계 및 후원금관리에 관한 사항을 규정하여 재무·회계 및 후원금관리의 명확성·공정성·투명성을 기함으로써 사회복지법인 및 사회복지시설의 합리적인 운영에 기여함을 목적으로 「사회복지법인 및 사회복지시설 재무 · 회계 규칙」을 제정하고 있다.

사회복지법인(이하 "법인"이라 한다) 및 사회복지시설(법인이 설치 · 운영하는 사회복지시설을 포함하며, 이하 "시설"이라 한다)의 재무 · 회계는 다른 법령에 특별한 규정이 있는 경우를 제외하고는 이 규칙이 정하는 바에 따른다.

동 규칙에서는 법인의 회계는 법인회계, 해당 법인이 설치 · 운영하는 시설의 시설회계 및 수익사업회계로 구분하도록 하고, 시설의 회계는 해당 시설의 시설회계로 하도록 규정하고 있다.

[법령체계도(사회복지법인 및 사회복지시설 재무 · 회계 규칙)]

법령체계도

사회복지법인 및 사회복지시설 재무 · 회계 규칙

상하위법 | 신구법 | 판례 | 헌재결정례 | 법령해석례 | 행정심판례 | 입법추진현황 | NAVER | Daum | 국민신문고

본문 | 제정·개정문 | 연혁 | 3단비교 | 신구조문대비표 |

상하위법

- 법률 사회복지사업법 [시행 2016.8.4.] [법률 제13996호, 2016.2.3., 일부개정]
  - 시행령 사회복지사업법 시행령 [시행 2016.8.4.] [대통령령 제27437호, 2016.8.3., 일부개정]
    - 시행규칙 사회복지사업법 시행규칙 [시행 2016.8.4.] [보건복지부령 제426호, 2016.8.3., 일부개정]
      - 행정규칙
  - 시행규칙 사회복지법인 및 사회복지시설 재무 · 회계 규칙 [시행 2015.12.24.] [보건복지부령 제377호, 2015.12.24., 일부개정]
- 자치법규

Ⅶ. 종교단체의 회계

비영리법인의 중요한 한 축을 이루는 기관은 종교기관이다. 우리나라의 3대 종교단체인 불교, 기독교, 천주교의 회계는 각 종단이 정하는 회계원칙에 따라 회계처리하고 있는 것으로 알려져 있다. 하지만 이러한 회계처리방법은 통일화된 회계처리기준은 아니며, 각 종단별로 회계처리방법도 상당히 다른 것으로 알려져 있다. 예를 들어, 불교의 경우 단식부기가 원칙이지만 천주교의 경우 자체적인 회계프로그램에 의하여 복식부기를 도입하고 있는 것으로 알려져 있다.

중요한 민법용어

1. 선 의

법률용어에서 선의라 함은 일정한 사실을 알지 못한 것을 말한다. 법학상의 선의, 악의의 개념은 윤리적 의미를 가진 것이 아니고 일정한 사실에 대하여 알고 있었느냐 모르고 있었느냐를 말한다. 모르고 법률행위를 한 경우가 선의이고, 알고 법률행위를 한 경우가 악의이다.

2. 간주와 추정

간주와 추정은 확실하지 않은 상태를 어떠한 상태로 의제하는 개념이다. 법조문에서 '~으로 본다'의 경우에는 간주에 해당하고, '~으로 추정한다'로 끝나는 경우가 추정에 해당한다. 간주의 경우에는 당사자가 법률관계의 부존재에 대한 증거를 제시하여 법률관계를 번복할 수 없다. 반면에 추정의 경우에는 당사자가 법률관계의 부존재에 대한 증거를 제시하면 법률관계가 번복된다.

3. 거증책임

당사자간에 다툼에 있어 법원 등은 일정한 법률관계의 존부를 판단한다. 이때 어떤 사실의 존부가 명확히 증명되지 아니하면 어느 당사자 일방에게 불리한 판단을 하게 된다. 이러한 경우가 추정에 해당된다. 불리한 판단을 당하는 당사자 일방은 자신에게 불리한 판단을 피하기 위하여서는 증거를 제시하여야 하는데, 이를 거증책임이라고 한다.

법률관계에서 누가 증거를 제시할 책임이 있느냐는 매우 중요한 문제이다. 많은 경우 사실의 존부에 대한 증거를 제시하는 것이 어렵기 때문이다. 세법에서는 세무서의 과세처분에 대하여 과세요건사실 존재에 대한 거증책임은 원칙적으로 과세관청에게 있다.

제 4 장

사립대학의 회계

Ⅰ. 사립대학 일반

1. 사립대학 관련 법령 등

사립대학의 회계를 이해하기 위해서는 사립대학의 조직과 운영에 영향을 주는 법령을 살펴볼 필요가 있다. 「사립학교법」, 「대학설립·운영 규정」, 「사립학교교직원 연금법」 등이 이에 해당된다.

「사립학교법」은 사립대학을 포함한 학교법인의 설립, 기관 및 조직, 재산과 회계, 지원과 감독에 관한 사항을 규정하고 있다. 이러한 사항은 사립학교 회계에 직간접적으로 영향을 줄 수 있는 것들이다.

「고등교육법」은 학교의 운영과 인사에 관한 기본사항을 다룬다.

「대학설립·운영 규정」은 설립기준과 대학을 운영함에 있어서 필요한 시설·교원 및 수익용기본재산 등에 관하여 필요한 사항을 규정하고 있는 대통령령이다. 이러한 사항은 사립대학회계에서 앞장에서 살펴본 기본금 회계에 영향을 준다.

「사립학교교직원 연금법」은 사립학교 교원 및 사무직원의 퇴직·사망 및 직무로 인한 질병·부상·장애에 대하여 적절한 급여제도를 다루는 법률이다. 이러한 사항은 사립대학의 급여 관련 회계와 법정부담금과 관련하여 법인전입금 회계에 영향을 준다.

2. 사립대학의 조직

학교법인은 그 설치·경영하는 사립학교에 필요한 시설·설비와 당해 학교의 경영에 필요한 재산을 갖추어야 한다. 학교법인은 그가 설치한 사립학교의 교육에 지장이 없는 범위 안에서 그 수익을 사립학교의 경영에 충당하기 위하여 수익을 목적으로 하는 사업을 할 수 있다.

학교법인에는 임원으로서 7인 이상의 이사와 2인 이상의 감사를 두어야 한다. 다만, 유치원만을 설치·경영하는 학교법인에는 임원으로서 5인 이상의 이사와 1인 이상의 감사를 둘 수 있다. 이사 중 1인은 정관이 정하는 바에 의하여 이사장이 된다. 이사장은 학교법인을 대표하고 이 법과 정관에 규정된 직무를 행하며 기타 학교법인 내부의 사무를 통할한다.

「고등교육법」에 의하여 학교에는 학교의 장으로서 총장 또는 학장을 둔다. 총장 또는 학장은 교무(校務)를 총괄하고, 소속 교직원을 감독하며, 학생을 지도한다.

3. 수익용 기본재산

「대학설립·운영 규정」에서 정하는 바에 따라 학교법인은 대학의 연간 학교회계 운영수익총액에 해당하는 가액의 수익용기본재산을 확보하되, 다음 각 호에서 정한 금액 이상을 확보하여야 한다.

1. 대학 300억원
2. 전문대학 200억원
3. 대학원 대학 100억원

여기서 수익용기본재산은 그 총액의 3.5퍼센트 이상에 해당하는 가액의 연간 소득이 있는 것이어야 한다. 학교법인은 그가 설립·경영하는 대학에 대하여 매년 수익용 기본재산에서 생긴 소득의 100분의 80 이상에 해당하는 가액을 대학운영에 필요한 경비로 충당하여야 한다.

사립학교교직원 연금의 법인부담금은 원칙적으로 학교법인이 부담한다. 다만, 학교경영기관이 그 학교에 필요한 법인부담금의 전부 또는 일부를 부담할 수 없을 때에는 그 부족액을 학교에서 부담하게 할 수 있다.

Ⅱ. 사립대학의 예산과 결산

1. 사립대학의 예산

(1) 예산의 편성

법인의 이사장(이하 "이사장"이라 한다)과 학교의 장은 매 회계연도 개시 2월 전까지 각각 법인회계 및 학교회계의 예산편성요령을 정한다. 교육부장관은 법인회계 및 학교회계의 예산편성에 관하여 특히 필요한 사항이 있는 경우에는 당해회계연도 개시 70일 전까지 그 사항을 통보하여야 한다.

이사장은 매 회계연도 개시 5일 이전까지 확정된 법인회계 및 학교회계의 예산을 교육부장관에게 제출하여야 한다.

(2) 준예산

이사장은 회계연도 개시 전까지 법인회계 및 학교회계의 예산이 확정되지 아니한 때에는 그 사유를 관할청에 보고하고, 법인회계의 예산은 이사장이, 학교회계의 예산은 학교의 장이 예산이 성립될 때까지 다음 각 호의 경비를 전년도 예산에 준하여 집행할 수 있다.

1. 교원 및 직원의 보수
2. 학교시설의 유지관리비
3. 법령에 의하여 지급의무가 있는 경비
4. 기타 학교교육에 직접 사용되는 필수적 경비

(3) 추가경정예산

이사장 및 학교의 장은 예산이 확정된 후에 발생한 사유로 인하여 이미 확정된 예산의 변경이 필요한 경우에는 추가경정예산을 편성하여 이사회에 제출할 수 있다. 이사장은 법인회계 또는 학교회계의 추가경정예산이 확정된 때에는 그 확정된 날부터 15일 이내에 이를 교육부장관에게 제출하여야 한다.

2. 사립대학의 결산

학교법인은 매 회계연도 종료 후에는 결산을 관할청에 보고하고 공시하여야 한다. 학교법인이 결산서를 제출할 때에는 해당 학교법인의 감사 전원이 서명·날인한 감사보고서를 첨부하여야 한다. 이 경우 대학교육기관을 설치·경영하는 학교법인은 학교법인과 독립한 공인회계사 또는 회계법인의 감사증명서 및 부속서류를 첨부하여야 한다.

교육부장관은 필요한 경우 사립학교법 제31조 제4항에서 규정한 감사증명서 및 부속서류에 대하여 감리할 수 있으며 이에 대한 세부적인 사항은 대통령령으로 정한다. 이때 회계감리를 수행하는 감사인의 요건은 「주식회사의 외부감사에 관한 법률」에 따른다.

[사립대학회계의 순환과정]

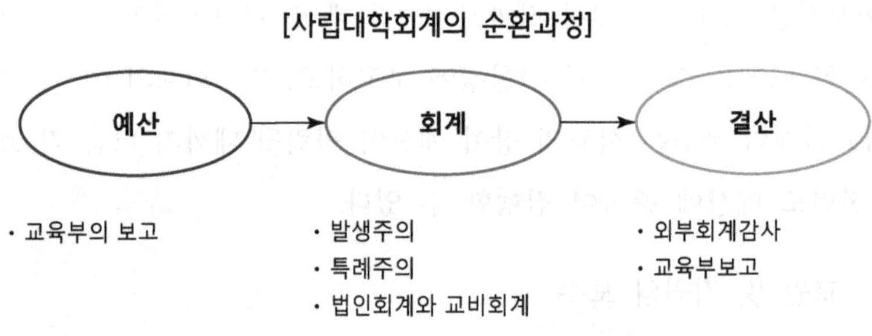

Ⅲ. 사립대학의 회계

1. 사립대학회계의 기본원칙

「사학기관 재무·회계 규칙에 대한 특례규칙」에서 제시하고 있는 사립대학회계의 기본원칙은 다음과 같다.

1. 회계처리는 복식부기원리에 따라야 한다.
2. 회계처리는 신뢰할 수 있도록 객관적인 자료와 증거에 의하여 공정하게 처리하여야 한다.
3. 재무제표의 양식 및 과목과 회계용어는 이해하기 쉽도록 표시하여야 한다.
4. 회계처리의 방법은 기간별 비교가 가능하도록 매기 계속하여 적용하고, 정당한 사유없이 이를 변경하여서는 아니된다.
5. 회계처리 및 재무제표 작성에 있어서 과목은 그 중요성에 따라 실용적인 방법에 의하여 결정하여야 한다.

이러한 원칙에 입각하여 이사장 및 총장은 자금계산서·대차대조표 및 운영계산서와 부속명세서를 작성한다.

2. 사립대학회계의 회계단위의 구분

사립대학회계의 기본단위는 법인회계와 학교회계로 구분할 수 있다.

(1) 법인회계

법인회계는 다시 일반업무회계와 수익사업회계로 나뉜다. 일반업무회계는 법인 사무국 등에 대한 회계이며, 수익사업회계는 목적사업을 달성하기 위하여 수익사업을 영위하는 경우 이에 대한 회계이다.

(2) 학교회계

학교회계는 등록금회계와 비등록금회계로 구분회다. 적립금의 회계는 비등록금회계에 속한다. 부속병원을 운영하는 경우 부속병원회계가 추가로 존재한다. 이때 부속병원회계는 의료기관 회계처리준칙에 따라 회계처리된다.

(3) 합산재무제표

합산재무제표는 법인회계 및 학교회계만을 합산한 것으로 다음 각호의 서류로 구성된다. 합산재무제표는 법인 및 학교의 개별 재무제표를 합산한 후 내부의 수입 및 지출과 내부의 채권 및 채무를 각각 상계하여 작성한다. 합산재무제표를 매 회계연도 종료 후 3월 이내에 교육부장관에게 제출하여야 한다.

1. 합산자금계산서
2. 합산대차대조표
3. 합산운영계산서

(4) 종합재무제표

종합재무제표는 법인 및 학교의 모든 회계를 합산한 것으로 다음의 재무제표로 구성된다.

1. 종합자금계산서
2. 종합대차대조표
3. 종합운영계산서

종합재무제표는 부속병원회계를 포함한 것이다. 하지만 「사학기관 재무·회계 규칙에 대한 특례규칙」에는 종합재무제표를 주무관청에 보고하는 규정이 없다. 이를 다르게 해석하면, 종합재무제표를 작성하는 것은 사립대학회계에서 의무사항은 아닌 것이다.

Ⅳ. 재무상태표

1. 재무상태표의 작성원칙

(1) 재무상태표의 구성

대차대조표는 자산·부채 및 기본금으로 구분하고, 자산은 유동자산, 투자와 기타자산 및 고정자산으로, 부채는 유동부채 및 고정부채로, 기본금은 출연기본금·적립금·기본금조정 및 운영차액으로 각각 구분한다.

(2) 유동성/비유동성 구분

기간이 1년 미만인 자산 및 부채는 이를 각각 유동자산 및 유동부채로 구분하고, 기간이 1년 이상인 자산 및 부채는 이를 각각 고정자산 및 고정부채로 구분함을 원칙으로 한다.

(3) 상계금지

자산·부채 및 기본금은 그 과목을 상계하거나 그 일부를 대차대조표에서 제외하여서는 아니된다.

[요약 재무상태표]

법인회계

자 산		부채기본금	
유동자금	30		
설치학교	140		
투자유가증권	70		
토지	60	설립자기본금	200
건물	60	기타기본금	75
(건물누계액)	−40	전기이월운영차액	20
기계기구	10	운영차액	35
합계	330	합계	330

교비회계

자 산		부채기본금	
유동자금	60		
토지	150	법인기본금	120
건물	400	기타기본금	80
(건물누계액)	(310)	전기이월운영차액	120
기계기구	50	운영차액	30
합계	350	합계	350

2. 설치학교와 교육용 기본재산

사립대학회계에는 설치학교라는 계정과목이 있다. 이는 사립대학회계의 법인일반회계에서 나타나는 독특한 계정과목이다. 앞서 살펴본 바와 같이 사립대학은 법인조직과 학교조직으로 나뉘어진다. 즉, 법인에서 학교를 운영하는 형태를 이룬다. 이러한 조직의 특성을 반영하여 법인에서 학교에 출연한 재산이 설치학교의 계정으로 나타난다. 법인회계에서 교비회계로 교육용기본재산인 토지·건축물을 전출하거나 이를 취득할 목적으로 현금 등을 전출하는 경우에 법인일반업무회계에서는 설치학교를, 교비회계에서는 법인 기본금을 증가시키게 된다. 따라서 법인회계의 설치학교는 교비회계의 법인과 일치하게 된다.

합산재무제표의 작성에서는 내부거래를 제거하여 합산대차대조표를 작성하도록 하고 있다. 합산대차대조표에서 법인회계의 설치학교와 교비회계의 법인은 상계된다.

한편, 설립자의 출연재산으로 교육용기본재산인 토지·건축물이 아닐 경우 경상비전출과 전입으로 처리한다.

[사례 1] 법인의 보통재산인 예금 100억원으로 건물을 구입하여 교비회계에서 교육용 기본재산을 확보한 경우

[법인회계]

(차) 건 물 100억원 (대) 예 금 100억원
(차) 설치학교 100억원 (대) 건 물 100억원

[교비회계]

(차) 건 물 100억원 (대) 법 인 100억원

[사례 2] 설립자의 출연재산인 예금 10억원을 경상비 사용목적으로 대학에 전출한 경우

[법인회계]

(차) 경상비전출금 10억원 (대) 예 금 10억원

[교비회계]

(차) 예 금 10억원 (대) 경상비전입금 10억원

[사례 3] 학교로 50억원의 수익용기본재산에 해당하는 건물을 취득하였으며, 이중에서 30억원은 법인회계에서 나머지 20억원은 교비회계에서 조달한 경우

[법인회계]

(차) 설치학교 30억원 (대) 예 금 30억원

[교비회계]

(차) 예 금 30억원 (대) 법 인 30억원

(차) 건 물 50억원 (대) 예 금 50억원

3. 투자유가증권과 출자금

대차대조표 기준일 현재의 투자유가증권은 시가로 평가하여야 한다. 제1항에 따른 투자유가증권을 시가로 평가하는 경우에 발생하는 평가손익은 기본금 조정을 통하여 처분 이전까지 미실현손익으로 회계처리하고, 처분하였을 때에는 투자유가증권 처분손익으로 기재한다.

[사례] 학교법인은 상장주식 A를 1주 1,000원에 취득하였고 취득 후 1차 회계연도 종료일에 시가는 700원, 2차년도 시가는 900원이 되었다. 3차년도에는 시가가 완전회복되어 1,300원이 3차년도 보고기간종료일의 시가가 되었다. 상장주식을 4차년도에 1,500원에 처분하였다.

[법인회계]

• 1차연도 취득일의 회계처리

(차) 투자유가증권 1,000원 (대) 예 금 1,000원

• 1차연도 종료일의 회계처리

(차) 투자유가증권평가손익 300원 (대) 투자유가증권 300원
(기본금조정)

• 2차연도 종료일의 회계처리

(차) 투자유가증권 200원 (대) 투자유가증권평가손익 200원
(기본금조정)

• 3차연도 종료일의 회계처리

(차) 투자유가증권	400원	(대) 투자유가증권평가손익 (기본금조정)	400원

• 4차연도 처분일의 회계처리

(차) 현　금	1,300원	(대) 투자유가증권	1,300원
(차) 투자유가증권평가손익 (기본금조정)	400원	(대) 투자유가증권처분이익	500원

4. 고정자산과 감가상각

법인회계 및 학교회계에 속하는 고정자산에 대해서 감가상각을 한다. 다만, 토지, 박물관의 유물 및 건설 중인 고정자산에 대해서는 감가상각을 하지 아니한다. 사립대학회계에서 고정자산에 대한 감가상각방법은 정액법을 적용한다.

유형고정자산의 감가상각비는 해당 감가상각 누계액으로 표시하고, 무형고정자산의 감가상각비는 해당 무형고정자산에서 직접 차감하여 표시한다.

[사례] 100억원에 구입한 건물에 대한 감가상각을 적용한다. 특례규칙에서 정하고 있는 건물의 내용연수는 40년이다.

[교비회계]

(차) 감가상각비	2.5억	(대) 감가상각누계액	2.5억

[특례규칙에서 정하는 유형고정자산의 내용연수]

구 분	내용연수	구조 또는 자산명
건축물 1	40년	철골·철근콘크리트조 등
건축물 2	20년	연와조, 블록조, 콘크리트조 등
연구기자재	5년	교육, 연구 및 실험, 실습용으로 사용되는 기자재
기계 비품	5년	연구 기자재를 제외한 기계장치, 각종 기구 및 각종 집기비품(실험연구용 시설 및 기계 포함, 단 실습용 선박 및 항공기는 12년을 적용함)
차량운반구	5년	자동차 및 그 밖의 운반구
소프트웨어	5년	전산 프로그램 등
도서	5년	도서. 단, 계약기간에 따른 해외저널, 학술데이터베이스의 전자적 구독 등은 사용기간으로 함

5. 사립대학의 적립금

대학교육기관의 장 및 대학교육기관을 설치·경영하는 학교법인의 이사장은 교육시설의 신축·증축 및 개수·보수, 학생의 장학금 지급 및 교직원의 연구활동 지원 등에 충당하기 위하여 필요한 적립금을 적립할 수 있다. 다만, 등록금회계로부터의 적립은 해당 연도 건물의 감가상각비 상당액을 교육시설의 신축·증축 및 개수·보수 목적으로 적립하는 경우에만 할 수 있다(사립학교법 제32조의2).

적립금은 원금보존적립금과 임의적립금으로 구분하고, 성격에 따라 연구적립금·건축적립금·장학적립금·퇴직적립금 및 그 밖에 구체적인 목적을 정하여 적립하는 특정목적적립금으로 구성한다.

적립금은 기금으로 예치하여 관리하고, 그 적립목적으로만 사용하여야 한다. 다만, 등록금회계에서 비등록금회계로 전출된 적립금 상당액을 제외한 적립금은 다음 각 호의 어느 하나의 방법으로 법인에 투자할 수 있다(사립학교법 제32조의2 제3항).

1. 적립금의 2분의 1 한도에서 「자본시장과 금융투자업에 관한 법률」 제4조 제2항 각 호에 따른 증권의 취득

2. 적립금의 10분의 1 한도에서 해당 대학교육기관의 소속 교원 또는 학생이 개발한 신기술 또는 특허 등으로 창업한 「벤처기업육성에 관한 특별조치법」에 따른 벤처기업에 대한 투자

교육부장관은 해당 대학교육기관과 대학교육기관을 설치·경영하는 학교법인의 재정상태 등을 고려하여 적립금의 적립 여부, 적립 규모 및 적립 기간 등에 관하여 필요한 조치를 할 수 있다.

[사례] 자유대학은 건축물에 대하여 50억, 기타고정자산에 대하여 20억원을 특례규칙에 정하는 바에 따라 감가상각하였다. 이 경우 감가상각비 상당액인 70억원을 건축적립금으로 적립할 수 있다. 이때의 등록금회계와 비등록금회계의 회계처리는 다음과 같다.

[등록금회계]

(차) 비등록금회계전출금	70억	(대) 예　금	70억

[등록금회계에서 기금회계로의 전립가능한도액]

① 고정자산에 대한 감가상각비 상당액을 건축적립금으로 적립
② 운영계산서상의 운영차익

+	운영계산서 당기 운영수입 합계
−	운영계산서 당기 운영비용 합계
차감계	운영차익
+	당기 감가상각비 상당액 적립한 금액
한도액	적립가능한도액

[비등록금회계]

(차) 예　금	70억원	(대) 등록금회계전입금	70억원
건축기금	70억원	예　금	70억원
제적립금대체액	70억원	건축적립금	70억원

[사례] 자유대학은 비등록금회계의 건축기금 100억원을 등록금회계로 전출하여 건물 100억원을 취득하였다. 이때의 등록금회계와 비등록금회계의 회계처리는 다음과 같다.

[비등록금회계]

(차)	예 금	100억원	(대)	건축기금	100억원
	건축적립금	100억원		운영차액대체	100억원
	등록금회계전출금	100억원		예 금	100억원

[등록금회계]

(차)	예 금	100억원	(대)	비등록금회계전입금	100억원
	건 물	100억원		예 금	100억원

Ⅴ. 운영계산서

이사장 및 학교의 장은 당해 회계연도의 운영수익 및 운영비용의 내용이 적정하게 파악될 수 있도록 운영계산서를 작성하여야 한다. 운영수익의 계산은 당해 회계연도의 운영수익을 계정과목별로 구분하여 계산한다.

운영비용의 계산은 당해 회계연도의 운영비용·기본금대체액 및 당기운영차액으로 구분하여 계산한다. 이 경우 운영비용은 계정과목별로 표시한다.

기본금대체액은 해당 회계연도 중의 각종 기금적립 등 비운영지출에 대응한 각종 적립금 대체액으로 표시한다. 당기운영차액은 운영수익과 운영비용을 일치시키기 위한 차액을 말한다.

Ⅵ. 자금계산서

이사장 및 학교의 장은 당해 회계연도의 활동에 따른 모든 자금수입예산 및 자금지출예산이 실제의 자금수입 및 자금지출의 내용과 명백하게 대비되도록 자금계산서를 작성하여야 한다.

자금계산은 자금수입란과 자금지출란을 구분하여 계정과목별로 계산하며, 이를 상계하여 표시해서는 아니된다.

자금수입의 계산은 당해 회계연도에 실현된 자금수입을 예산항목과 미사용전기이월자금으로 구분하여 작성한다. 자금지출의 계산은 당해 회계연도에 실현된 자금지출을 예산항목과 미사용차기이월자금으로 구분하여 작성한다.

미사용전기이월자금의 계산은 전기말 대차대조표상의 유동자산금액 및 유동부채중 예산항목을 제외한 금액과의 차이로 한다. 이와 대응하여 미사용차기이월자금의 계산은 당기말 대차대조표상의 유동자산금액 및 유동부채중 예산항목을 제외한 금액과의 차이로 한다.

대 차 대 조 표

(당기: . . 현재)
(전기: . . 현재)

1. 자 산

(단위: 원)

과 목		① 당기말		② 전기말	
관·항	목	금 액		금 액	
		목	관·항	목	관·항
③ 자산총계					

2. 부채 및 기본금

(단위: 원)

과 목		① 당기말		② 전기말	
관·항	목	금 액		금 액	
		목	관·항	목	관·항
④ 부채 및 기본금 총계					

작 성 방 법

1. 본 서식은 법인(학교)의 자산, 부채, 기본금현황을 보여주는 재무보고서로서 보고식 작성방법을 따릅니다.
2. 학교의 자산은 대차대조표를 작성하는 시점을 기준으로 1년 이내에 현금화가 가능한지 여부 및 특정 사용목적 제한 여부에 따라 유동자산·투자와기타자산 및 고정자산으로 구분하여 작성합니다.
3. 법인(학교)의 부채는 결산일로부터 1년 이내에 상환해야 하는가의 여부에 따라 유동부채 및 고정부채로 구분하여 작성하고, 기본금은 학교가 소유한 총자산에서 총부채를 제외한 순자산으로 출연기본금·적립금·기본금조정 및 운영차액으로 구분하여 작성합니다.
4. ①란은 당해연도 결산액이며 ②란은 전년도 결산액을 적습니다.
5. ③란의 자산총계는 ④란의 부채 및 기본금 총계와 일치해야 합니다.

운 영 계 산 서

(당기: . . 부터 . . 까지)
(전기: . . 부터 . . 까지)

1. **운영수익** (단위: 원)

과 목		① 당 기		② 전 기	
관·항	목	금 액		금 액	
		목	관·항	목	관·항
③ 운영수익 총계					

2. **운영비용** (단위: 원)

구분	과 목			① 당 기		② 전 기	
	관	항	목	목	관·항	목	관·항
운영 비용							
	④ 운영비용 합계						
기본금 대체액	⑤ 제적립금대체액						
	⑥ 운영차액대체액						
⑦ 당기운영차액							
비 용 총 계							

작 성 방 법
1. ①란은 당해연도 결산액이며 ②란은 전년도 결산액을 적습니다. 2. ⑤란 및 ⑥란은 기금적립액 및 기금인출액을 각각 적습니다. 3. ⑦란의 당기운영차액은 ③란의 운영수익 총계에서 ④란의 운영비용 합계액과 ⑤란의 제적립금 대체액을 빼고, ⑥란의 운영차액대체액을 더한 금액을 적습니다.

자 금 계 산 서

(. . 부터 . . 까지)

1. 수 입

(단위: 원)

과 목			① 예산액	② 결산액	③ 증감액 (②－①)	④ 비고
관	항	목				
미사용 전기이월 자금	⑤ 전기이월자금(⑥－⑨)					
	1100 기초유동 자산	⑥ 계				
		⑦ 1110 유동자금				
		⑧ 1120 기타유동자산				
	2100 기초유동 부채	⑨ 계				
		⑩ 2120 예수금				
		⑪ 2130 선수금				
		⑫ 2140 기타유동부채				
⑬ 자금수입총계						

2. 지 출

(단위: 원)

과 목			예산현액				⑤ 결산액	⑥ 증감액	⑦ 비고
관	항	목	① 예산액	② 예비비 사용액	③ 전용 증감액 (△)	④ 차감액 (①＋② ±③)			
미사용 차기이월 자금	⑧ 차기이월자금(⑨－⑫)								
	1100 기말유동 자산	⑨ 계							
		⑩ 1110 유동자금							
		⑪ 1120 기타유동자산							
	2100 기말유동 부채	⑫ 계							
		⑬ 2120 예수금							
		⑭ 2130 선수금							
		⑮ 2140 기타유동부채							
⑯ 자금지출총계									

사학기관 재무·회계 규칙에 대한 특례규칙

[시행 2016. 4. 20.] [교육부령 제96호, 2016. 4. 20., 타법개정]

제1장 총 칙

제1조(목적) 이 규칙은 제2조의 규정에 의한 사립학교 및 이를 설치·경영하는 학교법인의 특성에 맞는 예산·회계 및 결산에 관한 사항을 정하기 위하여 사학기관 재무·회계규칙에 대한 특례를 규정함을 목적으로 한다.

제2조(적용범위등) ① 이 규칙은 사립의 대학·산업대학·전문대학·사이버대학 및 이에 준하는 각종학교(이하 "학교"라 한다)와 이를 설치·경영하는 학교법인(이하 "법인"이라 한다)에 대하여 적용한다. 〈개정 1999. 1. 29., 2014. 3. 6.〉

② 학교의 교비회계(이하 "학교회계"라 한다)와 법인의 일반업무회계(이하 "법인회계"라 한다)에 관하여 이 규칙에 규정한 것을 제외하고는 사학기관재무·회계규칙을 적용한다.

③ 학교의 부속병원회계는 일반적으로 인정되는 의료법인의 병원회계에 준하여 계리하고, 법인의 수익사업회계는 일반적으로 인정되는 기업회계에 준하여 계리한다.

제3조(정의) 이 규칙에서 사용하는 용어의 정의는 다음과 같다.

1. "자금"이라 함은 현금·예금·수표 및 우편환등을 말한다.
2. "대차대조표기준일"이라 함은 일정시점의 재무상태를 파악하기 위한 기준일을 말한다. 이 경우 대차대조표에서 기준일을 따로 정한 때를 제외하고는 회계연도의 말일을 말한다.
3. "전기말"이라 함은 전 회계연도의 말일을 말한다.
4. "기말"이라 함은 당해회계연도의 말일을 말한다.
5. "자금수입"이라 함은 자금의 증가를 말한다.
6. "자금지출"이라 함은 자금의 감소를 말한다.
7. "운영수익"이라 함은 자산의 감소나 부채의 증가를 수반하지 아니하는 자산의 증가를 말한다.
8. "운영비용"이라 함은 자산의 증가나 부채의 감소를 수반하지 아니하는 자산의

감소를 말한다.

9. “자금예산”이라 함은 1회계연도의 모든 자금수입의 원천과 모든 자금지출의 용도를 명시한 자금수지예정계산서를 말한다.
10. “기본금”이라 함은 총자산에서 총부채를 뺀 순자산으로서 법인 및 학교에 계속적으로 투입·운용되는 기본적자산의 가액을 말한다.
11. “적립금”이라 함은 재평가적립금등 특정한 경영목적을 달성하기 위하여 예치하는 자금으로서 기금등에 대응하는 적립액을 말한다.

제2장 예　산

제4조(예산편성요령) ① 법인의 이사장(이하 “이사장”이라 한다)과 학교의 장은 매 회계연도 개시 2월전까지 각각 법인회계 및 학교회계의 예산편성요령을 정하여야 한다.

② 교육부장관은 법인회계 및 학교회계의 예산편성에 관하여 특히 필요한 사항이 있는 경우에는 당해회계연도 개시 70일전까지 그 사항을 통보하여야 한다. 〈개정 2001. 1. 31., 2008. 3. 4., 2013. 3. 23.〉

③ 이사장 및 학교의 장은 전년도 추정결산등의 합리적 자료를 기초로 하여 예산을 편성하여야 한다.

제5조(예산총계주의) 수입예산 및 지출예산은 모두 예산에 포함시켜야 하며 수입예산과 지출예산을 상계하거나 그 일부를 예산에서 제외하여서는 아니된다.

제6조(예산의 확정 및 제출 등) ① 이사장은 법인회계의 예산안을 편성하여 매 회계연도 개시 50일전까지 이사회에 제출하여야 하고, 이사회는 매 회계연도 개시 40일전까지 이를 심의·확정하여야 한다.

② 이사장은 매 회계연도 개시 35일전까지 학교전출금등 학교회계에 관계되는 예산내역을 학교의 장에게 통지하여야 한다.

③ 학교의 장은 학교회계의 예산안을 편성하여 매 회계연도 개시 30일전까지 이사회에 제출하여야 하고, 이사회는 매 회계연도 개시 20일전까지 이를 심의·확정하여야 한다.

④ 삭제 〈2006. 8. 2.〉

⑤ 이사장은 매 회계연도 개시 5일이전까지 확정된 법인회계 및 학교회계의 예산을 교육부장관에게 제출하여야 한다. 〈개정 1999. 1. 29., 2001. 1. 31., 2008. 3. 4.,

2013. 3. 23.〉

[제목개정 2005. 9. 27.]

제7조(준예산) ① 이사장은 회계연도 개시전까지 법인회계 및 학교회계의 예산이 확정되지 아니한 때에는 그 사유를 관할청에 보고하고, 법인회계의 예산은 이사장이, 학교회계의 예산은 학교의 장이 예산이 성립될 때까지 다음 각호의 경비를 전년도 예산에 준하여 집행할 수 있다.

1. 교원 및 직원의 보수
2. 학교시설의 유지관리비
3. 법령에 의하여 지급의무가 있는 경비
4. 기타 학교교육에 직접 사용되는 필수적 경비

② 제1항의 규정에 의하여 집행된 예산은 당해연도의 예산이 확정되면 그 확정된 예산에 의하여 집행된 것으로 본다.

제8조(추가경정예산) ① 이사장 및 학교의 장은 예산이 확정된 후에 발생한 사유로 인하여 이미 확정된 예산의 변경이 필요한 경우에는 추가경정예산을 편성하여 이사회에 제출할 수 있다.

② 이사장은 법인회계 또는 학교회계의 추가경정예산이 확정된 때에는 그 확정된 날부터 15일이내에 이를 교육부장관에게 제출하여야 한다. 〈개정 1999. 1. 29., 2001. 1. 31., 2008. 3. 4., 2013. 3. 23.〉

제9조(예산의 내용) ① 예산의 내용은 예산총칙과 자금예산으로 한다.

② 예산총칙에는 다음 각호의 사항을 명시하여야 한다.

1. 자금예산의 규모
2. 예산편성의 기본방침
3. 주요사업계획의 개요
4. 장기차입금의 한도액
5. 일시차입금의 한도액
6. 기타 예산집행에 관하여 필요한 사항

③ 자금예산은 별지 제1호서식의 자금예산서(추가경정자금예산의 경우에는 별지 제2호서식의 추가경정자금예산서)에 의하여 작성하되 제10조 제1항 제2호 및 동조 제2항 제3호의 규정에 의한 예산부속명세서에 의하여 목별 계산의 기초를 명백히 하여야 한다.

제10조(예산의 부속서류) ① 법인회계의 예산부속서류는 다음 각호와 같다. 〈개정 2016. 4. 20.〉

1. 이사회 회의록 사본
2. 예산부속명세서
   가. 별지 제1호의2서식에 의한 전기말추정미수금명세서
   나. 별지 제1호의3서식에 의한 전기말추정차입금명세서
   다. 기타 예산목별 명세서

② 학교회계의 예산부속서류는 다음 각호와 같다. 〈개정 2009. 12. 22., 2014. 3. 6., 2016. 4. 20.〉

1. 이사회 회의록 사본, 「사립학교법」 제29조 제4항 제1호에 따른 대학평의원회의 자문 내용 사본 및 등록금심의위원회 회의록 사본
2. 별지 제1호의4서식에 의한 학년별·학과별학생수명세서
3. 예산부속명세서
   가. 별지 제1호의2서식에 의한 전기말추정미수금명세서
   나. 별지 제1호의3서식에 의한 전기말추정차입규명세서
   다. 별지 제1호의5서식에 의한 등록금명세서
   라. 별지 제1호의6서식에 의한 인건비명세서
   마. 기타 예산목별 명세서

제11조(예산집행의 내부통제) 이사장 및 학교의 장은 예산을 편성하는 자와 집행하는 자를 분리하여 운영하고, 적정한 내부통제에 따라 예산을 집행하여야 한다.

제12조(예산의 목적외 사용금지) 이사장 및 학교의 장은 자금예산을 초과하여 지출하거나 자금예산이 정한 목적외에 이를 사용할 수 없다.

제13조(예산의 전용) ① 이사장 및 학교의 장은 동일 관내의 항간 또는 목간에 예산의 과부족이 있는 경우에는 상호 전용할 수 있다. 다만, 예산총칙에서 전용을 제한한 과목 및 예산편성과정에서 삭감된 과목으로는 전용하여서는 아니된다.

② 이사장 및 학교의 장이 제1항의 규정에 의하여 예산을 전용한 경우에는 이사회에 이를 보고하여야 한다.

제14조(예산편성의 예외) 법인의 수익사업회계 및 학교의 부속병원회계는 변동예산으로 편성할 수 있다.

제3장 회　계

제1절 회계원칙 및 재무제표

제15조(회계원칙) 이사장 및 학교의 장은 다음의 원칙에 따라 회계를 처리하고, 재무제표를 작성하여야 한다.

1. 회계처리는 복식부기원리에 따라야 한다.
2. 회계처리는 신뢰할 수 있도록 객관적인 자료와 증거에 의하여 공정하게 처리하여야 한다.
3. 재무제표의 양식 및 과목과 회계용어는 이해하기 쉽도록 표시하여야 한다.
4. 회계처리의 방법은 기간별 비교가 가능하도록 매기 계속하여 적용하고, 정당한 사유없이 이를 변경하여서는 아니된다.
5. 회계처리 및 재무제표 작성에 있어서 과목은 그 중요성에 따라 실용적인 방법에 의하여 결정하여야 한다.

제16조(재무제표) ① 재무제표는 자금계산서 · 대차대조표 및 운영계산서로 한다.

② 재무제표는 이를 이용하는 자에게 충분한 회계정보를 제공할 수 있도록 필요한 부속명세서를 작성하고, 주기 및 주석을 하여야 한다.

제17조(계정과목) ① 법인회계 및 학교회계의 계정과목 및 그 내용은 별표 1의 자금계산서 계정과목 명세표, 별표 2의 대차대조표 계정과목 명세표 및 별표 3의 운영계산서 계정과목 명세표로 한다. 〈개정 2009. 12. 22.〉

② 별표 1 내지 별표 3에서 규정한 계정과목외에 그 성질이나 금액이 중요한 경우에는 계정과목을 추가할 수 있다. 이 경우 계정과목의 추가는 해당 관 · 항 · 목 체계의 범위안에서 하여야 한다.

제2절 자금계산서

제18조(자금계산의 원칙) 이사장 및 학교의 장은 당해회계연도의 활동에 따른 모든 자금수입예산 및 자금지출예산이 실제의 자금수입 및 자금지출의 내용과 명백하게 대비되도록 자금계산을 하여야 한다.

제19조(자금계산서) 제18조의 규정에 의한 자금계산은 별지 제3호서식의 자금계산서에 의한다.

제20조(자금계산의 방법) ① 자금계산은 자금수입란과 자금지출란을 구분하여 계정

과목별로 계산하며, 자금수입 및 자금지출은 이를 상계하여서는 아니된다.

② 제1항의 규정에 의한 자금수입의 계산은 당해 회계연도에 실현된 자금수입을 예산항목과 미사용전기이월자금으로 구분하여 작성한다.

③ 제1항의 규정에 의한 자금지출의 계산은 당해 회계연도에 실현된 자금지출을 예산항목과 미사용차기이월자금으로 구분하여 작성한다.

제21조(미사용이월자금) ① 제20조 제2항의 규정에 의한 미사용전기이월자금의 계산은 전기말 대차대조표상의 유동자산금액 및 유동부채중 예산항목을 제외한 금액과의 차이로 한다.

② 제20조 제3항의 규정에 의한 미사용차기이월자금의 계산은 당기말 대차대조표상의 유동자산금액 및 유동부채중 예산항목을 제외한 금액과의 차이로 한다.

제3절 대차대조표

제22조(대차대조표 작성의 원칙) 이사장 및 학교의 장은 법인 및 학교의 대차대조표 기준일 현재의 재무상태가 적정하게 파악될 수 있도록 대차대조표를 작성하여야 한다.

제23조(대차대조표) 제22조의 규정에 의한 대차대조표의 작성은 별지 제4호서식에 의한다.

제24조(대차대조표의 작성방법) ① 대차대조표는 자산·부채 및 기본금으로 구분하고, 자산은 유동자산·투자와기타자산 및 고정자산으로, 부채는 유동부채 및 고정부채로, 기본금은 출연기본금·적립금·기본금조정 및 운영차액으로 각각 구분한다. 〈개정 2016. 4. 20.〉

② 기간이 1년미만인 자산 및 부채는 이를 각각 유동자산 및 유동부채로 구분하고, 기간이 1년이상인 자산 및 부채는 이를 각각 고정자산 및 고정부채로 구분함을 원칙으로 한다.

③ 자산·부채 및 기본금은 그 과목을 상계하거나 그 일부를 대차대조표에서 제외하여서는 아니된다.

제25조(기본금의 증감) 이사장 및 학교의 장은 출연재산으로 인하여 기본재산이 증가한 때에는 그 증가한 자산가액 만큼을 기본금의 증가로 대체한다.

[전문개정 2009. 12. 22.]

제26조(적립금의 적립 및 사용) ① 이사장과 학교의 장은 「사립학교법」 제32조의2에

따른 적립금을 적립하는 경우에는 자금예산서 및 자금계산서의 지출란에 자금지출로 계상한다. 〈개정 2014. 3. 6.〉

② 삭제 〈2014. 3. 6.〉

③ 삭제 〈2014. 3. 6.〉

④ 이사장과 학교의 장은 적립금을 사용하려는 경우에는 자금예산서 및 자금계산서의 비등록금회계 수입 및 지출에 계상하여 사용한다. 〈개정 2014. 3. 6.〉

제4절 운영계산서

제27조(운영계산의 원칙) 이사장 및 학교의 장은 당해회계연도의 운영수익 및 운영비용의 내용이 적정하게 파악될 수 있도록 운영계산을 하여야 한다.

제28조(운영계산서) 제27조의 규정에 의한 운영계산은 별지 제5호서식의 운영계산서에 의한다.

제29조(운영계산의 방법) ① 운영수익의 계산은 당해회계연도의 운영수익을 계정과목별로 구분하여 계산한다.

② 운영비용의 계산은 당해회계연도의 운영비용·기본금대체액 및 당기운영차액으로 구분하여 계산한다. 이 경우 운영비용은 계정과목별로 표시한다.

③ 제2항에 따른 기본금대체액은 해당 회계연도 중의 각종 기금 적립 등 비운영지출에 대응한 각종 적립금 대체액으로 표시한다. 〈개정 2014. 3. 6.〉

④ 제2항의 규정에 의한 당기운영차액은 운영수익과 운영비용을 일치시키기 위한 차액을 말한다.

제5절 자산·부채의 평가

제30조(자산의 평가기준) ① 대차대조표에 표시하는 자산의 가액은 당해자산의 취득원가를 기초로 하여 계상함을 원칙으로 한다.

② 당해자산의 취득을 위하여 통상적으로 소요되는 가액과 비교하여 현저하게 저렴한 가액으로 취득한 자산 또는 증여받은 자산의 평가는 제1항의 규정에 불구하고 취득하거나 증여받은 때의 시가로 평가한다.

③ 제2항의 규정에 의한 시가는 「지가공시 및 토지 등의 평가에 관한 법률」에 의한 감정평가액에 의함을 원칙으로 하되, 토지의 경우에는 동법 제4조의 규정에 의한 당해토지의 공시지가(당해토지의 공시지가가 없는 경우에는 동법 제10조의 규정에 의하여 산정한 개별토지의 가격)에 의할 수 있다. 〈개정 2005. 9. 27.〉

제31조(자산재평가에 대한 특례) ① 이사장 및 학교의 장은 보유자산의 장부가액을 시가에 적합하게 하기 위하여 자산의 재평가를 할 수 있다.

② 자산의 재평가방법 및 재평가차액등의 회계처리에 관한 사항은 「자산재평가법」의 규정을 준용하되, 토지는 제30조 제3항의 규정에 의한 공시지가 또는 개별토지의 가격에 의하여 자체적으로 평가할 수 있다. 〈개정 2005. 9. 27.〉

제32조(대손상각등) 이사장 및 학교의 장은 법인회계 및 학교회계의 자산중 회수불가능한 것으로 추정되는 부실채권이나 사용이 불가능한 고정자산이 있는 경우에는 이사회의 승인을 얻어 대손상각하거나 폐기할 수 있다.

제33조(투자유가증권의 평가 등) ① 대차대조표 기준일 현재의 투자유가증권은 시가로 평가하여야 한다. 〈개정 2009. 12. 22.〉

② 제1항에 따른 투자유가증권을 시가로 평가하는 경우에 발생하는 평가손익은 기본금 조정을 통하여 처분 이전까지 미실현손익으로 회계처리하고, 처분하였을 때에는 투자유가증권 처분손익으로 기재한다. 〈개정 2014. 3. 6.〉

③ 삭제 〈2014. 3. 6.〉

④ 제1항 및 제2항은 유동자산에 속하는 유가증권의 경우에 이를 준용한다. 〈개정 2014. 3. 6.〉

[제목개정 2014. 3. 6.]

제34조(감가상각) ① 법인회계 및 학교회계에 속하는 고정자산에 대해서 감가상각을 한다. 다만, 토지, 박물관의 유물 및 건설 중인 고정자산에 대해서는 감가상각을 하지 아니한다. 〈개정 2009. 12. 22.〉

② 고정자산에 대한 감가상각은 정액법을 적용한다. 〈개정 2009. 12. 22.〉

③ 고정자산별 감가상각 내용연수는 별표 4에 따른다. 〈신설 2009. 12. 22.〉

④ 제2항 및 제3항에 따라 한 유형고정자산의 감가상각비는 해당 감가상각 누계액으로 표시하고, 무형고정자산의 감가상각비는 해당 무형고정자산에서 직접 차감하여 표시한다. 〈신설 2009. 12. 22.〉

⑤ 그 해 감가상각비 상당액은 그 해 건축적립금에 적립할 수 있다. 〈신설 2009. 12. 22.〉

제35조(외화자산 및 외화부채의 환산등) ① 외화자산 및 외화부채는 대차대조표 기준일 현재 한국은행이 고시한 환율로 환산한다.

② 제1항의 경우에 발생하는 환산차액은 외화환산손실 또는 외화환산이익의 과목

으로 운영계산서에 계상한다.

③ 외화자산 및 외화부채의 회수 또는 상환으로 인하여 발생하는 장부가액과 실제회수액 또는 실제상환액과의 차액은 외환차익 또는 외환차손의 과목으로 운영계산서에 계상한다.

제6절 종합재무제표등

제36조(종합재무제표등의 작성원칙) 종합재무제표 및 합산재무제표는 법인회계 및 학교회계를 하나의 회계단위로 하여 종합적인 자금수지·재무상태 및 운영수지가 적정하게 파악되도록 작성하여야 한다.

제37조(종합재무제표등의 구성) ① 종합재무제표는 법인 및 학교의 모든 회계를 합한 것으로 다음 각호의 서류로 구성된다.

1. 별지 제6호서식(1)에 의한 종합자금계산서
2. 별지 제6호서식(2)에 의한 종합대차대조표
3. 별지 제6호서식(3)에 의한 종합운영계산서

② 합산재무제표는 법인회계 및 학교회계만을 합한 것으로 다음 각호의 서류로 구성된다.

1. 별지 제7호서식(1)에 의한 합산자금계산서
2. 별지 제7호서식(2)에 의한 합산대차대조표
3. 별지 제7호서식(3)에 의한 합산운영계산서

제38조(종합재무제표등의 작성방법) 종합재무제표 및 합산재무제표는 법인 및 학교의 개별 재무제표를 합산한 후 내부의 수입 및 지출과 내부의 채권 및 채무를 각각 상계하여 작성한다.

제4장 결 산

제39조(결산의 내용) 결산은 다음 각호의 서류에 의한다.

1. 자금계산서
2. 대차대조표 및 대차대조표 부속명세서
3. 운영계산서 및 운영계산서 부속명세서
4. 별지 제8호서식의 합계잔액시산표
5. 결산 부속서류

제40조(대차대조표 부속명세서등) ① 대차대조표의 부속명세서는 다음 각호와 같다. 〈개정 2009. 12. 22., 2014. 3. 6., 2016. 4. 20.〉

1. 별지 제4호의2서식(1)에 의한 현금및예금명세서
2. 별지 제4호의2서식(2)에 의한 수표수불명세서
3. 별지 제4호의3서식에 의한 선급금명세서
4. 별지 제4호의4서식에 의한 가지급금명세서
5. 별지 제4호의5서식에 의한 선급법인세명세서
6. 별지 제4호의6서식에 의한 받을어음명세서
7. 별지 제4호의7서식(1)에 의한 투자와기타자산명세서
8. 별지 제4호의7서식(2)에 의한 투자유가증권명세서

8의2. 별지 제4호의7서식(3)에 따른 적립기금 유가증권 투자 명세서

9. 별지 제4호의8서식(1)에 따른 유형고정자산 명세서

9의2. 별지 제4호의8서식(2)에 따른 무형고정자산 명세서

10. 별지 제4호의9서식에 의한 단기(장기)차입금명세서
11. 별지 제4호의10서식에 의한 미지급금명세서
12. 별지 제4호의11서식에 의한 가수금명세서
13. 별지 제4호의12서식(1)에 의한 지급어음명세서
14. 별지 제4호의12서식(2)에 의한 어음수불명세서
15. 별지 제4호의13서식에 의한 차관(외화장기차입금)명세서
16. 별지 제4호의14서식에 의한 학교채명세서
17. 별지 제4호의15서식에 따른 적립금 명세서

17의2. 별지 제4호의16서식에 따른 미사용 차기이월자금 내역 및 사용계획 명세서

18. 기타 필요한 명세서

② 운영계산서의 부속명세서는 다음 각호와 같다. 〈개정 2009. 12. 22., 2016. 4. 20.〉

1. 별지 제1호의5서식에 의한 등록금명세서
2. 별지 제5호의2서식에 의한 전입금명세서
3. 별지 제5호의3서식에 의한 예비비사용액명세서
4. 별지 제5호의4서식에 따른 고정자산 감각상각비 명세서
5. 기타 필요한 명세서

③ 이사장 및 학교의 장은 결산에 관한 상세한 정보의 제공을 위하여 제1항 및 제2항에 규정된 서류외에 모든 계정과목에 관한 부속명세서를 작성·비치하여야 한다.

제41조(결산 부속서류) 제39조 제5호의 규정에 의한 결산 부속서류는 결산과 관련한 다음 각호의 서류로 한다. 〈개정 2009. 12. 22., 2014. 3. 6.〉

1. 이사회 회의록 사본
2. 「사립학교법」 제31조 제3항 제1호에 따른 대학평의원회의 자문 내용 사본 및 등록금심의위원회 회의록 사본(학교회계의 결산인 경우에 한한다)
3. 별지 제9호서식에 의한 감사보고서
4. 합산재무제표
5. 기타 결산과 관련하여 필요한 서류

제42조(결산서의 작성·제출 등) ① 이사장 및 학교의 장은 매 회계연도 종료후 50일 이내에 결산서를 이사회에 제출하여야 한다.

② 이사회는 매 회계연도 종료후 2월 이내에 제1항의 규정에 의한 결산을 심의·확정하여야 한다.

③ 삭제 〈2006. 8. 2.〉

④ 이사장은 제39조 각호의 내용 및 제37조 제2항의 합산재무제표를 매 회계연도 종료후 3월 이내에 교육부장관에게 제출하여야 한다. 〈개정 2001. 1. 31., 2008. 3. 4., 2013. 3. 23.〉

[제목개정 2005. 9. 27.]

부칙 〈제96호, 2016. 4. 20.〉 (법령서식 일괄 개정을 위한 교원자격검정령 시행규칙 등 일부개정령)

제1조(시행일) 이 규칙은 공포한 날부터 시행한다.

제2조(서식 개정에 관한 경과조치) 이 규칙 시행 당시 종전의 규정에 따른 서식은 이 규칙 시행 이후 3개월 간 이 규칙에 따른 서식과 함께 사용할 수 있다.

제 5 장

산학협력단의 회계

Ⅰ. 산학협력단의 의의

산학협력단은 「산업교육진흥 및 산학연협력촉진에 관한 법률」에 근거하여 산업교육을 진흥하고 산학연협력을 촉진하여 교육과 연구의 연계를 통한 지역사회와 국가의 발전에 이바지하는 것을 목적으로 한다.

산학협력단은 대학과는 별도의 법인이다. 하지만 대학은 학교규칙으로 정하는 바에 따라 대학에 산학연협력에 관한 업무를 관장한다. 대학의 장은 산학협력단의 단장을 임면한다. 또한 산학협력단의 단장은 산학협력단을 대표하며, 해당 대학의 장의 지도·감독을 받아 그 소관 업무를 총괄한다.

Ⅱ. 국가와 지방자치단체의 보조

국가와 지방자치단체는 그가 설립·경영하는 산업교육기관에서 산업교육을 위한 실험·실습에 필요한 시설·설비를 확보·유지하는 데에 드는 경비를 예산의 범위에서 부담한다. 또한 국가와 지방자치단체는 사립대학이 설립·경영하는 산업교육을 위한 실험·실습 시설 및 설비를 설치하는 데에 필요한 비용과 실험·실습에 필요한 경비의 일부를 보조할 수 있다(산업교육진흥 및 산학연협력촉진에 관한 법률 제20조).

Ⅲ. 산학협력단 회계처리규칙

산학협력단은 재무제표로 재무상태표·운영계산서 및 현금흐름표를 작성하여야 하다. 「산업교육진흥 및 산학연협력촉진에 관한 법률 시행령」 제27조에 따른 회계처리와 재무제표 작성에 필요한 세부 사항은 교육부장관이 정하여 고시한다. 이에 따라 고시된 것이 「산학협력단 회계처리규칙」이다.

Ⅳ. 예산의 편성

1. 예산편성의 요령

「산학협력단 회계처리규칙」에서는 예산편성요령을 규정하고 있다. 이에 따르면 산학협력단의 단장은 매 회계연도 개시 2월 전까지 산학협력단회계의 예산편성요령을 정하여야 한다. 교육부장관은 산학협력단회계의 예산편성에 관하여 특히 필요한 사항이 있는 경우에는 당해회계연도 개시 70일 전까지 그 사항을 통보하여야 한다. 산학협력단의 단장은 전년도 추정결산 등의 합리적 자료를 기초로 하여 예산을 편성하여야 한다.

또한 산학협력단의 단장은 회계연도 개시 전까지 산학협력단회계의 예산이 확정되지 아니한 때에는 그 사유를 학교의 장을 경유하여 교육부장관에게 보고하고, 산학협력단회계의 예산이 성립될 때까지 다음 각 호의 경비를 전년도 예산에 준하여 집행할 수 있다.

1. 교직원의 보수
2. 계약에 의한 학교시설의 유지관리비
3. 법령에 의하여 지급의무가 있는 경비
4. 산학협력계약의 이행에 필요한 경비
5. 기타 산학협력단의 업무수행에 직접 사용되는 필수적 경비

이러한 예산편성의 기본요령과 준예산에 관한 사항은 사립대학의 예산편성요령 및 준예산의 규정과 큰 차이가 없다.

2. 변동예산

산학협력단의 예산편성에 있어서 사립대학과의 차이는 변동예산을 편성할 수 있다는 것이다.

산학협력단은 경상적이고 고정적으로 발생하는 수입보다는 예측하기 어려운 수익이 차지하는 비중이 매우 높아 예산편성에 어려움이 있다. 예를 들어, 산학협력단에서 주요한 수입은 국가 및 지방자치단체로부터 수령하는 각종 보조금이다. 여기에는 여러 가지 요인들이 고려되어 결정된다. 따라서 산학협력단의 예산을 정확하게 예측하기는 매우 어렵다. 이로 인하여 예산편성의 가변성이 매우 높다. 이러한 문제를 해소하기 위하여 「산학협력단회계처리규칙」에서는 변동예산을 책정하여 자금을 집행하도록 규정하고 있다. 변동예산의 편성은 교육부장관의 승인을 요하지 않는다.

Ⅴ. 산학협력단의 회계

1. 재무제표

산학협력단의 재무제표는 재무상태표, 운영계산서, 현금흐름표로 한다. 다만, 산학협력단장이 필요하다고 인정하는 경우에 운영차익처분계산서(또는 운영차손처리계산서)를 추가적으로 작성할 수 있다. 또한 재무제표의 이해를 위해 필요한 명세서는 부속명세서로 작성할 수 있다.

2. 재무제표의 작성원칙

재무상태표는 자산, 부채 및 기본금으로 구분하고, 기본금은 출연기본금, 적립금 및 운영차익으로 각각 구분한다. 자산과 부채는 재무상태표일로부터 1년을 기준으로 하여 유동자산 또는 비유동자산, 유동부채 또는 비유동부채로 구분한다. 또한 유동자산은 당좌자산과 재고자산으로 구분하고, 비유동자산은 투자자산, 유형자산, 무형자산, 기타 비유동자산으로 구분한다.

자산, 부채 및 기본금은 총액에 의하여 기재함을 원칙으로 하고, 자산의 항목과 부채 또는 기본금의 항목을 상계함으로써 그 전부 또는 일부를 재무상태표에서 제외하여서는 아니된다.

3. 적립금

산학협력단의 단장은 산학협력단의 운영차익에서 향후 특정용도에 사용하기 위하여 다음 각 호와 같이 각종 적립금을 적립할 수 있다.

1. 연구적립금
2. 건축적립금
3. 장학적립금
4. 기타적립금

산학협력단의 단장은 특정기금을 금융기관에 별도로 예치하여 관리하여야 하며 예치된 기금은 투자자산의 연구기금, 건축기금, 장학기금, 기타기금 등의 과목으로 기재한다.

4. 자산 · 부채의 평가기준

재무상태표에 기재하는 자산의 가액은 당해 자산의 취득원가를 기초로 하여 계상함을 원칙으로 한다. 교환 · 현물출자 · 증여 기타 무상으로 취득한 자산의 가액은 공정가액을 취득원가로 한다. 당해 자산의 취득을 위하여 통상적으로 소요되는 가액과 비교하여 현저하게 저렴한 가액으로 취득한 자산의 평가는 공정가액으로 한다.

산학협력단회계에서 단기매매금융자산은 공정가치로 평가하되 평가손익은 당기의 운영외손익으로 한다. 단, 장기투자금융자산과 지배권을 목적으로 보유하고 있는 기술지주회사 주식의 경우에는 평가손익을 계상하지 아니한다.

산학협력단의 재고자산은 제조원가 또는 매입가액에 부대비용을 가산하고, 개별법, 선입선출법, 평균법을 적용하여 산정한 취득원가를 재무상태표 가액으로 한다.

산학협력단은 회수가 불확실하여 대손이 예상되는 부실채권이 있는 경우에는 합리적이고 객관적인 기준에 따라 대손충당금을 설정하며, 대손충당금의 표시는 당해 채권과목에서 차감하는 형식으로 기재한다.

산학협력단은 사용이 불가능하거나 기타 사유로 인하여 유·무형자산의 공정가액이 취득원가보다 하락한 경우에는 이를 공정가액으로 평가하거나 폐기할 수 있다.

토지 및 건설 중인 자산을 제외한 유형자산은 당해 자산의 내용연수기간 동안 정액법에 따라 감가상각하여야 한다. 무형자산은 취득원가를 내용연수 동안 정액법에 따라 상각한다.

재무상태표에 기재하는 부채의 가액은 산학협력단이 부담하는 채무액으로 계상함을 원칙으로 한다.

5. 회계정책의 변경과 오류수정

회계정책을 변경하는 경우에는 변경된 새로운 회계정책을 소급 적용하여 그 누적효과를 전기이월운영차익 또는 전기이월운영차손에 반영한다. 다만, 회계정책의 변경에 따른 누적효과를 합리적으로 결정하기 어려운 경우에는 회계변경을 전진적으로 처리하여 그 효과가 당기와 당기 이후의 기간에 반영되도록 할 수 있다. 회계추정을 변경하는 경우에는 전진적으로 처리하여 그 효과를 당기와 당기 이후의 기간에 반영한다.

당기에 발견한 전기 또는 그 이전기간의 오류는 당기 운영계산서의 운영외수익 또는 운영외비용에 반영하여 전기오류수정이익 또는 전기오류수정손실의 과목으로 처리한다. 다만, 전기 또는 그 이전기간에 발생한 중대한 오류의 수정은 전기이월운영차익이나 전기이월운영차손에 반영하고, 관련 계정잔액을 수정한다.

Ⅵ. 산학협력단의 결산

산학협력단의 단장은 매 회계연도 종료 후 50일 이내에 다음 각 호의 서류가 첨부된 결산서를 작성하여 학교의 장에게 제출하여 심의·확정하여야 한다.

1. 재무제표
2. 재무상태표 부속명세서
3. 운영계산서 부속명세서
4. 결산부속서류

산학협력단의 단장은 결산서를 학교의 장을 경유하여 매회계연도 종료 후 3월 이내에 한국사학진흥재단의 장에게 제출하여야 한다. 한국사학진흥재단의 장은 제2항에 따라 제출된 결산에 대하여 산학협력단별, 학교유형별, 예산항목별 특성 등을 분석하여 교육부장관에게 제출하여야 한다.

학교의 장은 소속직원 또는 외부전문가 등으로 하여금 산학협력단의 재산현황 및 회계운영에 대하여 매년 1회 이상 감사하게 하여야 한다. 단, 별도로 외부감사인의 감사증명서를 제출해야 하는 학교의 산학협력단은 외부감사인의 감사증명서를 제출하여야 한다.

산학협력단 회계처리규칙

[시행 2016. 1. 29] [교육부 고시 제2016-88호, 2016. 1. 29 일부개정]

제1장 총 칙

제1조(목적) 이 규칙은 「산업교육진흥 및 산학연협력촉진에 관한 법률」(이하 "법"이라 한다) 제33조 및 동법 시행령 제24조, 제27조 및 제28조에 따라 동법의 적용을 받는 산학협력단의 회계처리와 재무제표작성 및 보고에 객관성과 통일성을 부여하기 위하여 필요한 사항을 정함을 목적으로 한다.

제2조(적용범위) ① 이 규칙은 법 제25조에 따라 설립한 산학협력단의 예산·회계·결산을 보고하기 위한 재무제표를 작성하는 경우에 적용한다.

② 이 규칙에서 정하지 아니한 사항은 다음 각 호의 순서에 따라 준용한다.

1. 일반기업회계기준
2. 사학기관재무·회계규칙에 대한 특례규칙

제3조(정의) 이 규칙에서 사용하는 용어의 정의는 다음과 같다.

1. 현금흐름표상의 "기초현금" 및 "기말현금"은 현금 및 현금성 자산, 단기금융상품을 말한다.
2. "취득원가"라 함은 자산의 구입가액 또는 제작원가와 당해 자산의 취득 목적으로 사용할 수 있도록 준비하는 데 직접 지출된 모든 비용을 말한다.
3. "공정가액"이라 함은 합리적인 판단력과 거래의사가 있는 독립된 당사자간에 거래될 수 있는 교환가격을 말한다
4. "감가상각"이라 함은 유형자산의 취득원가를 그 자산의 내용연수 동안 체계적인 방법에 의하여 각 회계기간의 비용으로 배분하는 것을 말한다.
5. "상각"이라 함은 무형자산의 취득원가를 그 자산의 내용연수 동안 체계적인 방법에 의하여 각 회계기간의 비용으로 배분하는 것을 말한다.
6. "내용연수"라 함은 유형자산 및 무형자산의 예상사용기간을 말한다.
7. "회계연도"는 법 제30조에 따라 그 해 3월 1일부터 다음 해 2월말일로 한다.

제2장 예 산

제4조(예산편성요령) ① 산학협력단의 단장은 매 회계연도 개시 2월전까지 산학협력

단 회계의 예산편성요령을 정하여야 한다.

② 교육부장관은 산학협력단 회계의 예산편성에 관하여 특히 필요한 사항이 있는 경우에는 당해회계연도 개시 70일전까지 그 사항을 통보하여야 한다.

③ 산학협력단의 단장은 전년도 추정결산 등의 합리적 자료를 기초로 하여 예산을 편성하여야 한다.

④ 산학협력단의 단장은 산학협력단 예산을 초과하여 지출할 필요가 있는 경우 변동예산을 편성할 수 있다.

제5조(예산총계주의) 수입예산 및 지출예산은 모두 예산에 포함시켜야 하며 수입예산과 지출예산을 상계하거나 그 일부를 예산에서 제외하여서는 아니된다.

제6조(예산의 확정 및 제출) ① 산학협력단의 단장은 매 회계연도 개시 20일전까지 산학협력단의 정관에서 정한 예산심의기구의 심의를 거쳐 산학협력단회계의 예산안을 학교의 장에게 제출하여야 하며, 학교의 장은 매 회계연도 개시 10일전까지 이를 확정하여야 한다.

② 산학협력단의 단장은 제1항에 의하여 심의·확정된 산학협력단의 예산서(「산학협력단회계처리규칙」 제10조에 따른 부속서류를 포함한다)를 매 회계연도 개시 5일전까지 당해 학교의 인터넷 홈페이지에 게재하여 1년간 공개하여야 한다.

③ 산학협력단의 단장은 매 회계연도 개시 5일 이전까지 확정된 산학협력단의 예산을 학교의 장을 경유하여 한국사학진흥재단의 장에게 제출하여야 한다.

④ 한국사학진흥재단의 장은 제3항에 따라 제출된 예산에 대하여 산학협력단별, 학교유형별, 예산항목별 특성 등을 분석하여 교육부장관에게 제출하여야 한다.

제7조(준예산) ① 산학협력단의 단장은 회계연도 개시 전까지 산학협력단회계의 예산이 확정되지 아니한 때에는 그 사유를 학교의 장을 경유하여 교육부장관에게 보고하고, 산학협력단회계의 예산이 성립될 때까지 다음 각 호의 경비를 전년도 예산에 준하여 집행할 수 있다.

1. 교직원의 보수
2. 계약에 의한 학교시설의 유지관리비
3. 법령에 의하여 지급의무가 있는 경비
4. 산학협력계약의 이행에 필요한 경비
5. 기타 산학협력단의 업무수행에 직접 사용되는 필수적 경비

② 제1항에 따라 집행된 예산은 당해연도의 예산이 확정되면 그 확정된 예산에

의하여 집행된 것으로 본다.

제8조(추가경정예산) ① 산학협력단의 단장은 예산이 확정된 후에 발생한 사유로 인하여 이미 확정된 예산의 변경이 필요한 경우에는 예산심의기구의 심의를 거쳐 추가경정예산을 편성하여 학교의 장에게 제출하여야 하며, 학교의 장은 이를 확정하여야 한다.

② 산학협력단의 단장은 회계연도중에 용도가 지정되고 전액이 교부 또는 기탁된 경비는 추가경정예산의 성립 이전에 이를 사용할 수 있으며, 이는 동일회계연도 내의 추가경정예산에 계상하여야 한다.

③ 산학협력단의 단장은 산학협력단 회계의 추가경정예산이 확정된 때에는 그 확정된 날부터 15일 이내에 이를 학교의 장을 경유하여 한국사학진흥재단의 장에게 제출하여야 한다.

④ 한국사학진흥재단의 장은 제3항에 따라 제출된 추가경정예산에 대하여 예산의 특성 등을 분석하여 교육부장관에게 제출하여야 한다.

⑤ 산학협력단의 단장은 제1항에 의한 추가경정예산을 그 확정된 날부터 15일 내에 제6조 제2항의 규정에 의하여 공개하여야 한다.

제9조(예산의 내용) ① 예산의 내용은 예산총칙과 현금예산으로 한다.

② 예산총칙에는 다음 각 호의 사항을 명시하여야 한다.

1. 현금예산의 규모
2. 예산편성의 기본방침
3. 주요사업계획의 개요
4. 기타 예산집행에 관하여 필요한 사항

③ 현금예산은 별지 제1호서식의 현금예산서(추가경정현금예산의 경우에는 별지 제2호서식의 추가경정현금예산서)에 의하여 작성한다.

제10조(예산의 부속서류) 산학협력단회계의 예산부속서류는 정관에서 정한 예산심의기구 회의록 사본으로 한다.

제11조(예산집행의 내부통제) 산학협력단의 단장은 산학협력단의 예산을 편성하는 자와 집행하는 자를 분리하여 운영하고, 적정한 내부통제에 따라 예산을 집행하여야 한다.

제12조(예산의 목적외 사용금지) 산학협력단의 단장은 산학협력단 예산이 정한 목적외에 이를 사용할 수 없다.

제13조(예산의 전용) 산학협력단의 단장은 산학협력단회계의 동일 관내의 항간 또는 목간에 예산의 과부족이 있는 경우에는 상호 전용할 수 있다. 다만, 예산총칙에서 전용을 제한한 과목 및 예산심의과정에서 삭감된 과목으로 전용하여서는 아니된다.

제14조(국가 지원금의 집행) 국가 또는 지방자치단체로부터 지원 받은 출연·보조금의 집행은「국가를 당사자로 하는 계약에 관한 법률」또는「사학기관재무회계규칙」제35조·제37조·제38조·제40조의 규정을 준용한다.

제3장 회　계

제1절 회계원칙과 재무제표

제15조(회계원칙) 산학협력단의 회계처리는 다음 각 호의 원칙에 따른다.

1. 산학협력단의 소관에 속하는 모든 수입 및 지출은 이를 산학협력단의 회계에 계상하여야 한다.
2. 회계처리 및 보고는 신뢰할 수 있도록 객관적인 자료와 증거에 의하여 공정하게 처리하여야 한다.
3. 재무제표의 양식 및 계정과목과 회계용어는 이해하기 쉽도록 간단 명료하게 표시하여야 한다.
4. 중요한 회계방침과 계정과목 및 금액에 관하여는 그 내용을 재무제표상에 충분히 표시하여야 한다.
5. 회계처리에 관한 기준 및 추정은 기간별 비교가 가능하도록 매기 계속하여 적용하고 정당한 사유 없이 이를 변경하여서는 아니된다.
6. 회계처리와 재무제표 작성에 있어서 계정과목과 금액은 그 중요성에 따라 실용적인 방법에 의하여 결정하여야 한다.
7. 회계처리는 거래의 실질과 경제적 사실을 반영할 수 있어야 한다.

제16조(재무제표 및 부속명세서) ① 산학협력단의 재무제표는 재무상태표, 운영계산서, 현금흐름표로 한다. 다만, 산학협력단장이 필요하다고 인정하는 경우에 운영차익처분계산서(또는 운영차손처리계산서)를 추가적으로 작성할 수 있다.

② 재무제표는 당해회계연도와 직전회계연도를 비교하는 형식으로 작성하여야 한다.

③ 재무제표의 이해를 위해 필요한 명세서는 부속명세서로 작성할 수 있으며, 그 내용은 이 규칙 제38조에 따른다.

제17조(재무제표의 계정과목) 산학협력단회계의 계정과목 및 그 내용은 별표 1의 재무상태표 계정과목명세표, 별표 2의 운영계산서 계정과목명세표, 별표 3의 현금흐름표 계정과목명세표로 한다.

제18조(계정과목의 통합 및 구분표시) ① 별표 1부터 별표 3까지의 계정과목 중 그 성질이나 금액이 중요하지 아니한 것은 유사한 계정과목에 통합하여 기재할 수 있다.

② 별표 1부터 별표 3까지에서 계정과목을 정하지 아니한 것으로서 그 성질이나 금액이 중요한 경우에는 그 내용을 가장 잘 나타낼 수 있는 계정과목으로 구분하여 기재한다.

제2절 재무상태표

제19조(재무상태표) ① 재무상태표는 산학협력단의 재무상태를 명확히 보고하기 위하여 재무상태표일 현재의 모든 자산, 부채 및 기본금을 적정하게 표시하여야 한다.

② 재무상태표의 양식은 별지 제3호서식에 의한다.

제20조(재무상태표 작성기준) ① 재무상태표는 자산, 부채 및 기본금으로 구분하고, 기본금은 출연기본금, 적립금 및 운영차익으로 각각 구분한다.

② 자산과 부채는 재무상태표일로부터 1년을 기준으로 하여 유동자산 또는 비유동자산, 유동부채 또는 비유동부채로 구분한다. 또한 유동자산은 당좌자산과 재고자산으로 구분하고, 비유동자산은 투자자산, 유형자산, 무형자산, 기타 비유동자산으로 구분한다.

③ 자산, 부채 및 기본금은 총액에 의하여 기재함을 원칙으로 하고, 자산의 항목과 부채 또는 기본금의 항목을 상계함으로써 그 전부 또는 일부를 재무상태표에서 제외하여서는 아니된다.

제21조(적립금의 적립) 산학협력단의 단장은 산학협력단의 운영차익에서 향후 특정용도에 사용하기 위하여 다음 각 호와 같이 각종 적립금을 적립할 수 있다.

1. 연구적립금
2. 건축적립금
3. 장학적립금
4. 기타적립금

제22조(적립금에 대한 기금의 예치 및 사용) ① 산학협력단의 단장은 특정기금을 금

융기관에 별도로 예치하여 관리하여야 하며 예치된 기금은 투자자산의 연구기금, 건축기금, 장학기금, 기타기금 등의 과목으로 기재한다.

② 제1항의 규정에 따라 기금을 예치한 산학협력단의 단장이 기금을 사용하고자 하는 경우에는 관련기금에서 먼저 인출하여 사용하여야 한다.

③ 적립금은 정관상의 예·결산심의기구의 심의를 받아 적립목적에 맞게 사용하여야 한다.

제3절 운영계산서

제23조(운영계산서) ① 운영계산서는 산학협력단의 운영성과를 명확히 보고하기 위하여 그 회계기간에 속하는 모든 수익과 이에 대응하는 모든 비용을 적정하게 표시하여야 한다.

② 운영계산서의 양식은 별지 제4호서식에 의한다.

제24조(운영계산서 작성기준) ① 모든 수익과 비용은 그것이 발생한 기간에 정당하게 배분되도록 처리하여야 하며, 수익은 동 수익이 실현된 시기를 기준으로, 비용은 동 비용이 발생한 시기를 기준으로 계상함을 원칙으로 한다. 다만, 이 규칙에서 따로 정한 경우에는 그에 따른다.

② 수익과 비용은 그 발생원천에 따라 명확히 분류하고 각 수익항목과 이에 관련되는 비용항목을 대응 표시하여야 한다.

③ 수익과 비용은 총액에 의하여 기재함을 원칙으로 하고 그 수익항목과 비용항목을 직접 상계함으로써 그 전부 또는 일부를 운영계산서에서 제외하여서는 아니된다.

④ 운영계산서는 산학협력수익, 지원금수익, 간접비수익, 전입 및 기부금수익, 산학협력비, 지원금사업비, 간접비사업비, 일반관리비, 운영외수익, 운영외비용, 학교회계전출금, 당기운영차익(또는 당기운영차손)으로 구분하여 표시한다.

제25조(운영수익의 인식) ① 산학협력단 회계의 운영수익 인식은 다음 각 호의 기준에 따른다.

1. 산업체 등으로부터 연구 및 개발을 의뢰받아 이를 수행함으로써 발생하는 수익은 동 연구 및 개발이 제공되는 기간 동안 용역제공의 진행에 따라 인식한다.
2. 계약학과 및 계약에 의한 직업교육훈련과정을 설치 및 운영하거나 산업 자문 등의 용역을 제공함에 따라 발생한 수익은 동 용역이 제공되는 기간 동안 용

역제공의 진행에 따라 인식한다.

3. 특허권 및 상표권 등과 같은 지식재산권 및 노하우를 이전함에 따라 발생한 수익은 잔금청산일 또는 매입자의 사용가능일 중 빠른 날에 인식한다.
4. 특허권 및 상표권 등과 같은 지식재산권 및 노하우를 대여 또는 사용하게 함으로써 발생한 수익은 동 지식재산권 및 노하우를 대여 또는 사용하는 기간 동안 용역제공의 진행에 따라 인식한다.
5. 지원금 수익은 연구 · 개발 · 교육 등의 진행에 따라 인식한다.
6. 기부금의 수익은 기부금 및 기부금품을 수령한 날에 인식한다.

제4절 현금흐름표

제26조(현금흐름표) ① 현금흐름표는 산학협력단 현금의 변동내역을 명확하게 보고하기 위하여 당해 회계기간에 속하는 현금의 유입과 유출에 대한 정보를 적정하게 표시하여야 한다.

② 현금흐름표의 양식은 별지 제5호서식에 의한다.

제27조(현금흐름표의 구분표시 및 작성방법) ① 현금흐름표는 현금흐름을 운영활동, 투자활동 및 재무활동으로 구분하여 표시하고, 이 세 가지 현금활동의 순 현금흐름에 기초의 현금을 가산하여 기말의 현금을 산출하는 형식으로 표시한다.

② 현금흐름표상의 현금의 유입과 유출은 현금의 구성항목 간 이동을 포함하지 아니하고 기중 증가와 감소를 서로 상계하지 아니하며 각각 총액으로 기재한다.

③ 현금흐름표상의 동일한 거래의 현금흐름이 두 가지 이상의 활동과 관련되는 경우에는 각 활동별 현금으로 구분하여 표시한다.

제5절 자산·부채의 평가

제28조(자산의 평가기준) ① 재무상태표에 기재하는 자산의 가액은 당해 자산의 취득원가를 기초로 하여 계상함을 원칙으로 한다.

② 교환 · 현물출자 · 증여 기타 무상으로 취득한 자산의 가액은 공정가액을 취득원가로 한다.

③ 당해 자산의 취득을 위하여 통상적으로 소요되는 가액과 비교하여 현저하게 저렴한 가액으로 취득한 자산의 평가는 제1항의 규정에도 불구하고 취득한 때의 공정가액으로 한다.

제29조(유가증권의 평가) 산학협력단 회계의 단기매매금융자산 공정가치로 평가하

되 평가손익은 당기의 운영외손익으로 한다. 단, 장기투자금융자산과 지배권을 목적으로 보유하고 있는 기술지주회사 주식의 경우에는 평가손익을 계상하지 아니한다.

제30조(재고자산의 평가) 산학협력단의 재고자산은 제조원가 또는 매입가액에 부대비용을 가산하고 이에 개별법, 선입선출법, 평균법을 적용하여 산정한 취득원가를 재무상태표 가액으로 한다.

제31조(대손상각 등) ① 산학협력단의 단장은 회수가 불확실하여 대손이 예상되는 부실채권이 있는 경우에는 합리적이고 객관적인 기준에 따라 대손충당금을 설정하며, 대손충당금의 표시는 당해 채권과목에서 차감하는 형식으로 기재한다.

② 산학협력단의 단장은 사용이 불가능하거나 기타 사유로 인하여 유·무형자산의 공정가액이 취득원가보다 하락한 경우에는 이를 공정가액으로 평가하거나 폐기할 수 있다.

제32조(감가상각 등) ① 토지 및 건설 중인 자산을 제외한 유형자산은 당해 자산의 내용연수 기간 동안 정액법에 따라 감가상각하여야 한다.

② 무형자산은 취득원가를 내용연수 동안 정액법에 따라 상각한다.

③ 제1항의 유형자산에 대한 감가상각비는 감가상각누계액의 과목으로 당해 자산에서 차감하는 형식으로 기재하고 제2항의 무형자산에 대한 상각비는 당해 자산에서 직접 차감한다.

제33조(부채의 평가기준) 재무상태표에 기재하는 부채의 가액은 산학협력단이 부담하는 채무액으로 계상함을 원칙으로 한다.

제34조(외화자산 및 외화부채의 환산) ① 화폐성 외화자산 및 화폐성 외화부채는 재무상태표일 현재의 기준환율 및 재정환율로 환산한 가액을 재무상태표 가액으로 한다.

② 비화폐성 외화자산 및 비화폐성 외화부채는 원칙적으로 당해 자산을 취득하거나 당해 부채를 부담한 당시의 기준환율 및 재정환율로 환산한 가액을 재무상태표 가액으로 한다.

③ 제1항의 경우에 발생하는 손익은 외화환산이익 또는 외화환산손실의 과목으로 처리하며 당기손익으로 한다.

④ 화폐성 외화자산 및 화폐성 외화부채의 회수 또는 상환으로 인하여 발생하는 손익은 외환차익 또는 외환차손의 과목으로 처리하며 당기손익으로 한다.

제35조(회계변경과 오류수정) ① 회계정책을 변경하는 경우에는 변경된 새로운 회계정책을 소급 적용하여 그 누적효과를 전기이월운영차익 또는 전기이월운영차손에 반영한다. 다만, 회계정책의 변경에 따른 누적효과를 합리적으로 결정하기 어려운 경우에는 회계변경을 전진적으로 처리하여 그 효과가 당기와 당기 이후의 기간에 반영되도록 할 수 있다.

② 회계추정을 변경하는 경우에는 전진적으로 처리하여 그 효과를 당기와 당기 이후의 기간에 반영한다.

③ 당기에 발견한 전기 또는 그 이전기간의 오류는 당기 운영계산서의 운영외수익 또는 운영외비용에 반영하여 전기오류수정이익 또는 전기오류수정손실의 과목으로 처리한다. 다만, 전기 또는 그 이전기간에 발생한 중대한 오류의 수정은 전기이월운영차익이나 전기이월운영차손에 반영하고, 관련 계정잔액을 수정한다.

제4장 결산 및 보고

제36조(결산서의 작성 및 제출) ① 산학협력단의 단장은 매 회계연도 종료 후 50일 이내에 다음 각 호의 서류가 첨부된 결산서를 작성하여 학교의 장에게 제출하여 심의·확정하여야 한다.

1. 재무제표
2. 재무상태표 부속명세서
3. 운영계산서 부속명세서
4. 결산부속서류

② 산학협력단의 단장은 시행령 제28조 제2항에 따른 결산서를 학교의 장을 경유하여 매회계연도 종료후 3월 이내에 한국사학진흥재단의 장에게 제출하여야 한다.

③ 한국사학진흥재단의 장은 제2항에 따라 제출된 결산에 대하여 산학협력단별, 학교유형별, 예산항목별 특성 등을 분석하여 교육부장관에게 제출하여야 한다.

④ 산학협력단의 단장은 제1항에 따라 심의·확정된 산학협력단의 결산을 공개하여야 하며, 공개의 범위 및 방법은 교육부장관이 따로 정한다.

제37조(감사) ① 학교의 장은 법 시행령 제30조의 규정에 의하여 소속직원 또는 외부전문가 등으로 하여금 산학협력단의 재산현황 및 회계운영에 대하여 매년 1회 이상 감사하게 하여야 한다. 단,「사립학교법」제31조 제4항,「국립대학의 회계 설치 및 재정 운영에 관한 법률」제22조 제2항의 규정에 따라 별도로 외부감사인

의 감사증명서를 제출해야 하는 학교의 산학협력단은 외부감사인의 감사증명서를 제출하여야 한다.

② 교육부장관은 예산의 편성 및 집행에 대하여 관련 법령 위반 여부를 현장점검하고, 시정을 권고할 수 있다.

제38조(부속명세서) ① 제36조 제1항 제2호에 따른 재무상태표 부속명세서는 다음 각 호의 서류로 한다. 다만, 해당사항이 없는 부속명세서는 작성하지 아니한다.

1. 현금 및 현금성자산 및 단기금융상품명세서 [별지 제3호의1서식]
2. 단기매매금융자산명세서 [별지 제3호의2서식]
3. 매출채권명세서 [별지 제3호의3서식]
4. 미수금명세서 [별지 제3호의4서식]
5. 선급금명세서 [별지 제3호의5서식]
6. 재고자산명세서 [별지 제3호의6서식]
7. 장기금융상품명세서 [별지 제3호의7서식]
8. 장기투자금융자산 및 출자금명세서 [별지 제3호의8서식]
9. 유형자산명세서 [별지 제3호의9서식]
10. 무형자산명세서 [별지 제3호의10서식]
11. 특정기금명세서 [별지 제3호의11서식]
12. 매입채무명세서 [별지 제3호의12서식]
13. 미지급금명세서 [별지 제3호의13서식]
14. 선수금명세서 [별지 제3호의14서식]
15. 충당부채명세서 [별지 제3호의15서식]
16. 기본금명세서 [별지 제3호의16서식]
17. 기타 필요한 명세서

② 제36조 제1항 제3호에 따른 운영계산서 부속명세서는 다음 각 호의 서류로 한다. 다만, 해당사항이 없는 부속명세서는 작성하지 아니한다.

1. 산학협력 연구 및 교육운영 수익명세서 [별지 제4호의1서식]
2. 지식재산권 수익명세서 [별지 제4호의2서식]
3. 지원금 수익명세서 [별지 제4호의3서식]
4. 기부금 수익명세서 [별지 제4호의4서식]
5. 간접비 수익명세서 [별지 제4호의5서식]

6. 유·무형자산(감가)상각비 명세서 [별지 제4호의6서식]
7. 기타 필요한 명세서

제39조(결산부속서류) 제36조 제1항 제4호에 따른 결산부속서류는 다음 각 호의 서류로 한다.

1. 정관상의 결산심의기구 회의록 사본
2. 감사보고서
3. 기타 결산과 관련하여 필요한 서류

제5장 보　칙

제40조(장부 및 증빙서류의 보존) 산학협력단의 단장은 회계 장부 및 증빙서류를 5년간 보존하여야 한다.

부칙 〈제2016-88호, 2016. 1. 29.〉

제1조(2016년 회계연도 경과조치) 국공립대학의 2016년 회계연도는 1월 1일부터 2월 29일까지와 3월 1일부터 익년도 2월 28일까지로 구분한다. 단, 국공립대학의 경우 2016년 회계연도에는 제16조 제2항의 직전 회계연도와의 비교를 생략할 수 있다.

제2조(회계연도의 예외) 제3조 제7호의 회계연도 정의에도 불구하고 다른 법에 의해 회계연도가 달리 정해진 산학협력단은 해당 법에 따른 회계연도를 사용할 수 있다.

제 6 장

의료법인의 회계

Ⅰ. 의료법인회계의 개요

「의료법」 제62조에 따라 100병상 이상의 종합병원의 경영자는 「의료기관 회계기준 규칙」에 따라 재무제표를 작성하여야 한다.

동 규칙에 따라 병원의 재무상태와 운영성과를 나타내기 위하여 작성하여야 하는 재무제표는 다음과 같다.

1. 재무상태표
2. 손익계산서
3. 기본금변동계산서(병원의 개설자가 개인인 경우를 제외)
4. 현금흐름표

그 밖에 「의료기관 회계기준 규칙」의 위임규정에 따라 보건복지부가 고시하는 행정규칙 「재무제표 세부 작성방법」에서는 주석으로 공시되어야 할 내용을 포함하고 있다. 따라서 주석도 재무제표의 일부를 이룬다고 보는 것이 타당하다.

Ⅱ. 재무상태표

1. 재무상태표 작성기준

재무상태표는 자산, 부채 및 자본으로 구분한다. 자산, 부채 및 자본은 총액에 의하여 기재함을 원칙으로 하고, 자산의 항목과 부채 또는 자본의 항목을 상계함으로써 그 전부 또는 일부를 재무상태표에서 제외해서는 아니 된다.

자산과 부채는 1년을 기준으로 하여 유동자산 또는 비유동자산, 유동부채 또는 비유동부채로 구분하는 것을 원칙으로 한다. 재무상태표에 기재하는 자산과 부채의 항목배열은 유동성배열법에 의함을 원칙으로 한다. 가지급금 또는 가수금 등의 미결산 항목은 그 내용을 나타내는 적절한 과목으로 기재하여야 한다.

2. 의료미수금

의료법인의 재무상태표의 작성방법은 다음의 고유목적사업준비금과 의료발전준비금과 관련된 내용을 제외하고는 일반적으로 인정된 기업회계의 원칙과 큰 차이가 없다.

의료미수금은 진료행위로 인하여 발생한 매출채권을 말한다. 의료미수금은 그 성격에 따라 재원미수금, 외래미수금, 기타의료미수금으로 나뉜다. 입원환자 재원기간 중 발생한 미수금은 재원미수금, 퇴원환자로부터 발생한 미수금은 퇴원미수금, 외래환자로부터 발생한 미수금은 외래미수금, 기타의료수익의 미수금은 기타의료수익미수금으로 구분한다.

의료미수금은 보험자단체 등의 청구미수금과 환자본인부담금미수액을 포함한다. 재원미수금 등은 환자종류에 따라 건강보험미수금, 의료급여미수금, 자동차보험미수금, 산재보험미수금, 일반환자미수금 및 건강검진미수금 등으로 구분할 수 있다. 미수금은 의료미수금을 제외한 미수채권 등을 말한다.

3. 고유목적사업준비금

의료기관의 회계는 대체로 일반적으로 인정된 기업회계와 매우 유사하다. 하지만 의료기관은 고유목적사업준비금을 설정하는 경우 재무제표에 결산항목으로 반영하여야 한다. 또한 법인세법상 의료발전준비금을 설정하는 경우도 있는데, 이 경우에도 결산조정으로 재무제표에 반영된다.

보건복지부가 고시하는 행정규칙 「재무제표 세부 작성방법」에서는 의료법인 등에서 이익금의 일부 또는 전부를 고유목적사업준비금으로 전입하기 위해 결산서에 반영하는 경우 해당 금액은 고유목적사업준비금전입액으로 처리하고, 고유목적사업준비금전입액은 의료비용 및 의료외비용과는 별도로 구분하여 표시한다. 이 경우 고유목적사업준비금의 세부사용내역을 주석으로 기재하여야 한다.

고유목적사업준비금을 결산서에 인식하는 경우 해당 고유목적사업준비금은 유동부채 및 비유동부채와는 별도의 부채로 인식하도록 규정하고 있다. 이는 일반적으로 인정된 기업회계에서 고유목적사업준비금의 설정을 인정하고 있지 않은 것과 다르다. 이러한 고유목적사업준비금은 잉여금의 처분과 유사하므로 자기자본의 성격을 갖는다. 이러한 이유로 의료기관의 자기자본비율을 해석할 때 고유목적사업준비금을 별도로 자기자본으로 재분류하여 해석하는 것이 바람직하다.

4. 의료발전준비금

의료법인은 비영리법인이지만, 의료법인이 영위하는 의료업은 법인세법에서 과세대상 소득이다. 일반적으로 법인세법에서 비영리법인의 고유목적사업에서 발생하는 소득에 대하여 비과세하는 것과는 큰 차이가 있다.

「의료기관 회계준칙」에 따라 의료법인은 고유목적사업준비금을 설정할 수 있다. 이러한 고유목적사업준비금은 미래에 목적사업의 재원으로 사용할 준비금을 적립할 때 당기의 과세소득을 계산할 때 법인세법상의 손금으로 인정해주는 것이다. 여기서 모순이 발생한다. 의료법인의 주된 사업이 법인세 과세대상소득이라는 것이다. 즉, 고유목적사업준비금을 설정하더라도 결국은 법인세 과세대상인 수익사업에 사용될 수밖에 없다.

이러한 모순을 해결하기 위하여 고안된 것이 의료발전준비금이다. 의료업을 영위하는 비영리내국법인이 의료기기 등 기획재정부령으로 정하는 고정자산을 취득하기 위하여 지출하는 금액과 기획재정부령으로 정하는 연구개발사업을 위하여 지출하는 금액을 고유목적사업준비금의 사용으로 인정해주는 것이다(법인세법 시행령 제56조). 이를 위해서는 의료법인은 손금으로 계상한 고유목적사업준비금상당액을 기획재정부령이 정하는 의료발전회계로 구분하여 경리하여야 한다.

이때에 병원회계에서 고유목적사업준비금의 사용을 의료발전준비금으로 대체한다. 동시에 의료발전회계에서 고유목적사업준비금의 사용으로 취득한 의료자산을 기록하고 상대계정으로 의료발전준비금을 계상한다. 즉, 고유목적사업준비금을 사용함으로써 병원회계와 의료발전회계에서 의료발전준비금이 계상되는 것이다. 한편, 의료발전회계에서 취득한 자산은 감가상각비가 발생하거나 자산을 처분할 때 의료발전준비금을 감소시키는 방법으로 의료발전준비금 잔액을 관리한다.

고유목적사업준비금와 의료발전준비금의 회계처리 예시는 다음과 같다.

[회계처리 1] 고유목적사업준비금의 전입시

[병원회계]

(차) 고유목적사업준비금전입 10억원 (대) 고유목적사업준비금 10억원

[의료발전회계]

회계처리 없음

[회계처리 2] 고유목적사업준비금으로 의료기기 5억원의 취득. 고유목적준비금 5억원을 의료발전준비금으로 대체

[병원회계]

(차)			(대)		
	의료기기	5억원		현금	5억원
	고유목적사업준비금	5억원		의료발전준비금	5억원

[의료발전회계]

(차)			(대)		
	의료기기	50억		의료발전준비금	50억

[회계처리 3] 의료기기 5억원에 대한 감가상각비 1억원을 계상함.

[병원회계]

(차)			(대)		
	감가상각비	1억원		감가상각누계액	1억원
	의료발전준비금	1억원		의료발전준비금환입(익금)	1억원

[의료발전회계]

(차)			(대)		
	의료발전준비금	1억		의료기기	1억

[회계처리 4] 상기 의료기기(취득가액 5억, 장부가액 4억)를 3억원에 처분함.

[병원회계]

(차)			(대)		
	현금	3억원		의료기기	5억원
	감가상각누계액	1억원		의료발전준비금환입(익금)	4억원
	의료발전준비금	4억원			
	유형자산처분손실	1억원			

[의료발전회계]

(차)			(대)		
	의료발전준비금	4억원		의료기기	1억원

Ⅲ. 손익계산서

1. 손익계산서 작성기준

의료기관회계는 일반적으로 인정된 기업회계와 마찬가지로 모든 수익과 비용을 그것이 발생한 기간에 정당하게 배분되도록 처리하여야 한다. 즉, 수익은 실현시기를 기준으로 계상하고 미실현수익은 당기의 손익계산에 산입하지 아니함을 원칙으로 한다. 또한 수익과 비용은 그 발생원천에 따라 명확하게 분류하고 각 수익항목과 이에 관련되는 비용항목을 대응 표시하여야 한다.

수익과 비용은 총액에 의하여 기재함을 원칙으로 하고 수익항목과 비용항목을 직접 상계함으로써 그 전부 또는 일부를 손익계산서에서 제외하여서는 아니된다.

손익계산서는 의료이익(의료손실), 법인세차감전순이익(순손실), 법인세비용, 고유목적사업준비금설정전 당기순이익(손실), 고유목적사업준비금전입액, 고유목적사업준비금환입액 및 당기순이익(순손실)으로 구분 표시하여야 한다.

의료법인의 손익계산서 작성방법은 다음의 진료비청구액 삭감을 제외하고는 일반적으로 인정된 기업회계의 원칙과 차이가 없다.

2. 진료비청구액의 삭감

의료수익의 수익인식방법은 일반적으로 인정된 기업회계의 수익인식방법과 유사하지만 건강보험심사평가원에 청구하는 금액을 인식하는 방법에서 기업회계의 수익인식방법과 차이가 있다. 일반적으로 인정된 기업회계에서는 발생주의회계와 수익비용대응의 원칙에 따라 수익과 비용을 인식한다. 따라서 일반적으로 인정된 기업회계기준에 따라 의료수익을 인식한다면, 의료행위가 이루어진 다음에 건강보험심사평가원에 진료비를 청구한 경우에는 청구한 금액에서 과거의 경험 등에 근거하여 합리적으로 추정된 삭감추정액을 당기의 의료수익으로 인식하여야 한다.

의료기관회계에서는 청구한 진료비의 일부가 삭감되는 경우에 심사가 완료되어 수납할 금액이 확정된 시점을 기준으로 하여 이미 계상된 의료미수금과 의료수익을 상계 처리한다. 이 경우 의료수익 삭감액의 세부내역을 주석으로 기재하여야 한다. 이러한 회계처리는 권리가 확정된 시점에 수익을 인식하는 방법으로 발생주의회계 및 수익비용대응의 원칙과는 벗어나는 회계처리방법이라고 할 수 있다.

한편, 삭감된 진료비 중 보험자단체에 이의 신청하여 삭감분의 일부 또는 전부가 수납되는 경우에는 수납된 시점에 의료수익이 발생한 것으로 회계처리한다. 따라서 이의신청할 때는 별도로 회계처리하지 않으며 이의신청 장부에 비망계정으로 기록한다.

Ⅳ. 주 석

주석은 재무상태표, 손익계산서, 기본금변동계산서 및 현금흐름표에 표시된 개별 항목과 상호 연결시켜 표시한다. 주석은 일반적으로 다음 순서로 표시한다.

가) 의료기관 회계기준을 준수하였다는 사실

나) 의료기관 회계기준 규칙 제3조에 따른 회계 구분 내역

다) 그 밖의 「재무제표 세부 작성방법」에서 주석으로 기재할 것을 요구하는 사항

[그 밖의 주석기재 사항]

1. 유형자산 과목별로 감가상각방법, 내용연수 등
2. 의료수익감면에 대한 세부내역

3. 의료부대수익에 대한 세부내역. 여기서 의료부대수익은 주차장직영수익, 매점직영수익, 일반식당직영수익, 영안실직영수익 및 기타 시설직영수입 등으로 구분할 수 있다.
4. 의료분쟁비용의 세부내역. 여기서 의료분쟁비용은 의료사고 보상금, 의료사고 처리수수료 등으로 구분할 수 있다.
5. 의료부대비용에 대한 세부내역. 여기서 의료부대비용은 주차장직영비용, 매점직영비용, 일반식당직영비용, 영안실직영비용 및 기타 시설직영비용 등으로 구분할 수 있다.
6. 고유목적사업비의 세부사용내역
7. 의료수익 삭감액에 대한 세부내역

의료기관 회계기준 규칙

[시행 2015. 12. 31.] [보건복지부령 제384호, 2015. 12. 31., 일부개정]

제1조(목적) 이 규칙은 「의료법」 제62조에 따라 의료기관의 개설자가 준수하여야 하는 의료기관 회계기준을 정함으로써 의료기관 회계의 투명성을 확보함을 목적으로 한다. 〈개정 2007. 7. 27.〉

제2조(의료기관 회계기준의 준수대상) ① 「의료법」 제62조 제2항에 따라 의료기관 회계기준을 준수하여야 하는 의료기관의 개설자는 100병상 이상의 종합병원(이하 "병원"이라 한다)의 개설자를 말한다. 〈개정 2007. 7. 27., 2011. 2. 10.〉

② 제1항에 따른 병상 수는 해당 병원의 직전 회계연도의 종료일을 기준으로 산정한다. 〈신설 2007. 7. 27.〉

제3조(회계의 구분) ① 병원의 개설자인 법인(이하 "법인"이라 한다)의 회계와 병원의 회계는 이를 구분하여야 한다.

② 법인이 2 이상의 병원을 설치·운영하는 경우에는 각 병원마다 회계를 구분하여야 한다.

제4조(재무제표) ① 병원의 재무상태와 운영성과를 나타내기 위하여 작성하여야 하

는 재무제표는 다음 각 호와 같다. 〈개정 2015. 12. 31.〉

1. 재무상태표

2. 손익계산서

3. 기본금변동계산서(병원의 개설자가 개인인 경우를 제외한다)

4. 현금흐름표

② 제1항의 규정에 의한 재무제표의 세부작성방법은 보건복지부장관이 정하여 고시한다. 〈개정 2008. 3. 3., 2010. 3. 19.〉

제5조(회계연도) 병원의 회계연도는 정부의 회계연도에 따른다. 다만, 「사립학교법」에 따라 설립된 학교법인이 개설자인 병원의 회계연도는 동법 제30조의 규정에 의한 사립학교의 학년도에 따른다. 〈개정 2007. 7. 27.〉

제6조(계정과목의 표시) 제4조의 규정에 의한 재무제표는 이 규칙에서 정한 계정과목을 사용하여야 한다. 다만, 계정과목을 정하지 아니한 것은 그 성질이나 금액이 유사한 계정과목으로 통합하여 사용하거나 그 내용을 나타낼 수 있는 적절한 계정과목을 신설하여 사용할 수 있다.

제7조(재무상태표) ① 재무상태표는 재무상태표 작성일 현재의 자산·부채 및 자본에 관한 항목을 객관적인 자료에 따라 작성하여야 한다. 〈개정 2015. 12. 31.〉

② 제1항에 따른 재무상태표는 별지 제1호서식에 따른다. 〈개정 2015. 12. 31.〉

[제목개정 2015. 12. 31.]

제8조(손익계산서) ① 손익계산서는 회계기간에 속하는 모든 수익과 이에 대응하는 모든 비용을 객관적인 자료에 따라 작성하여야 한다.

② 제1항의 규정에 의한 손익계산서는 별지 제2호서식에 의한다.

제9조(기본금변동계산서) ① 기본금변동계산서는 기본금과 이익잉여금의 변동 및 수정에 관한 사항을 객관적인 자료에 따라 작성하여야 한다.

② 제1항의 규정에 의한 기본금변동계산서는 별지 제3호서식에 의한다.

제10조(현금흐름표) ① 현금흐름표는 당해 회계기간에 속하는 현금의 유입과 유출내용을 객관적인 자료에 따라 작성하여야 한다. 다만, 병원의 개설자가 「사립학교법」에 따라 설립된 학교법인 또는 「지방공기업법」에 따라 설립된 지방공사인 경우에는 자금수지계산서로 이를 갈음할 수 있다. 〈개정 2007. 7. 27.〉

② 제1항의 규정에 의한 현금흐름표는 별지 제4호서식에 의한다.

제11조(결산서의 제출 및 공시) ① 병원의 장은 매 회계연도 종료일부터 3월 이내에

다음 각 호의 서류를 첨부한 결산서를 보건복지부장관에게 제출하여야 한다. 〈개정 2008. 3. 3., 2010. 3. 19., 2015. 12. 31.〉

1. 재무상태표와 그 부속명세서
2. 손익계산서와 그 부속명세서
3. 기본금변동계산서(병원의 개설자가 개인인 경우를 제외한다)
4. 현금흐름표

② 법인은 제1항 제1호 및 제2호에 따른 병원의 재무상태표와 손익계산서를 보건복지부장관이 정하는 인터넷 사이트에 공시하여야 한다. 〈신설 2015. 12. 31.〉

[제목개정 2015. 12. 31.]

제12조(규제의 재검토) 보건복지부장관은 제11조에 따른 결산서의 내용에 대하여 2015년 1월 1일을 기준으로 매 2년이 되는 시점(매 2년이 되는 해의 1월 1일 전까지를 말한다)마다 그 타당성을 검토하여 개선 등의 조치를 하여야 한다.

[본조신설 2015. 1. 5.]

부칙 〈제384호, 2015. 12. 31.〉

이 규칙은 공포한 날부터 시행하되, 2016년 회계연도부터 적용한다.

재무제표 세부 작성방법

[시행 2016. 11. 1] [보건복지부고시 제2016-206호, 2016. 11. 1, 일부개정]

Ⅰ. 일반적 작성기준

1. 회계의 일반원칙

가. 회계처리 및 보고는 신뢰할 수 있도록 객관적인 자료와 증거에 의하여 공정하게 처리하여야 한다.

나. 재무제표의 양식 및 과목과 회계용어는 이해하기 쉽도록 간단·명료하게 표시하여야 한다.

다. 중요한 회계방침과 회계처리기준?과목 및 금액에 관하여는 그 내용을 재무제표 상에 충분히 표시하여야 한다.

라. 회계처리에 관한 기준 및 추정은 기간별 비교가 가능하도록 매기 계속하여 적용하고 정당한 사유 없이 이를 변경하여서는 아니된다.

마. 회계처리와 재무제표 작성에 있어서 과목과 금액은 그 중요성에 따라 실용적인 방법에 의하여 결정하여야 한다.

바. 회계처리과정에서 2 이상의 선택 가능한 방법이 있는 경우에는 재무적 기초를 견고히 하는 관점에 따라 처리하여야 한다.

사. 회계처리는 거래의 실질과 경제적 사실을 반영할 수 있어야 한다.

2. 재무제표 및 부속명세서 작성원칙

재무제표는 재무상태표, 손익계산서, 기본금변동계산서, 현금흐름표 및 주기와 주석으로 한다.

가. 재무제표는 이 고시와 의료기관 회계기준 규칙에 따라 작성하되 이 고시 및 동 규칙에 정하지 아니한 사항에 대해서는 의료기관 회계기준 규칙에 반하지 않는 범위 내에서 기업회계기준과 일반적으로 공정?타당하다고 인정되는 회계 관행에 따라 처리한다.

나. 재무제표는 당해 회계연도분과 직전 회계연도 분을 비교하는 형식으로 작성하여야 한다.

다. 재무제표의 양식은 보고식을 원칙으로 한다.

라. 기타 필요한 명세서는 부속명세서를 작성하여야 한다.

마. 재무제표에는 이를 이용하는 자에게 충분한 회계정보를 제공하도록 중요한 회계방침 등 필요한 사항에 대하여는 다음의 방법에 따라 주기 및 주석을 하여야 한다.

1) 주기는 재무제표상의 해당과목 다음에 그 회계사실의 내용을 간단한 자구 또는 숫자로 괄호 안에 표시하는 방법으로 한다.

2) 주석은 재무제표상의 해당과목 또는 금액에 기호를 붙이고 난외 또는 별지에 동일한 기호를 표시하여 그 내용을 간결?명료하게 기재하는 방법으로 한다.

3) 동일한 내용의 주석이 2 이상의 과목에 관련되는 경우에는 주된 과목에 대한 주석만 기재하고, 다른 과목의 주석은 기호만 표시함으로써 이를 갈음할 수 있다.

Ⅱ. 세부 작성기준

1. 재무상태표

가. 재무상태표 작성기준

1) 재무상태표는 자산, 부채 및 자본으로 구분한다.

2) 자산, 부채 및 자본은 총액에 의하여 기재함을 원칙으로 하고, 자산의 항목과 부채 또는 자본의 항목을 상계함으로써 그 전부 또는 일부를 재무상태표에서 제외하여서는 아니된다.

3) 자산과 부채는 1년을 기준으로 하여 유동자산 또는 비유동자산, 유동부채 또는 비유동부채로 구분하는 것을 원칙으로 한다.

4) 재무상태표에 기재하는 자산과 부채의 항목배열은 유동성배열법에 의함을 원칙으로 한다.

5) 가지급금 또는 가수금 등의 미결산 항목은 그 내용을 나타내는 적절한 과목으로 기재하여야 한다.

나. 자산의 계정과목구분

자산은 유동자산과 비유동자산으로 구분한다.

1) 유동자산은 당좌자산, 재고자산, 기타유동자산으로 구분한다.

가) 당좌자산은 현금 및 현금성자산, 국고보조금, 단기금융상품, 단기매매증권, 의료미수금, 단기대여금, 대손충당금, 미수금, 미수수익, 선급금, 선급비용, 선급제세, 본지점, 이연법인세자산 및 기타의 당좌자산으로 구분한다.

(1) 의료미수금은 진료행위로 인하여 발생한 외상매출금과 받을 어음으로 한다.

① 입원환자 재원기간 중 발생한 미수금은 재원미수금, 퇴원환자로부터 발생한 미수금은 퇴원미수금, 외래환자로부터 발생한 미수금은 외래미수금, 기타 의료수익의 미수금은 기타의료수익미수금으로 구분한다.

② 의료미수금은 보험자단체 등의 청구미수금과 환자본인부담금미수액을 포함한다.

③ 재원미수금 등은 환자종류에 따라 건강보험미수금, 의료급여미수금, 자동차보험미수금, 산재보험미수금, 일반환자미수금 및 건강검진미수금 등으로 구분할 수 있다.

(2) 미수금은 의료미수금을 제외한 미수채권 등을 말한다.

나) 재고자산은 약품, 진료재료, 급식재료, 저장품, 의료부대물품으로 구분한다.

2) 비유동자산은 투자자산, 유형자산, 무형자산, 기타비유동자산으로 구분한다.

가) 투자자산은 장기금융상품, 투자유가증권, 장기대여금, 장기대여금대손충당금, 퇴직보험예치금, 보증금 및 기타투자자산으로 구분한다.

나) 유형자산은 토지, 건물, 구축물, 기계장치, 의료장비, 차량운반구, 공기구비품, 건설 중인 자산, 기타유형자산, 감가상각누계액 및 국고보조금으로 구분한다. 이 경우 유형자산 과목별로 감가상각방법, 내용연수 등을 주석으로 기재하여야 한다.

(1) 유형자산의 인식시점 이후에는 원가모형이나 재평가모형 중 하나를 회계정책으로 선택하여 유형자산 분류별로 동일하게 적용한다.

다) 무형자산은 영업권 및 산업재산권으로 구분한다.

다. 부채의 계정과목구분

부채는 유동부채와 비유동부채로 구분한다.

1) 유동부채는 매입채무, 단기차입금, 미지급금, 선수금, 예수금, 미지급비용, 미지급제세, 유동성장기부채, 선수수익, 예수보증금, 단기부채성충당금, 임직원단기차입금, 이연법인세부채 및 기타의 유동부채로 구분한다.

2) 비유동부채는 장기차입금, 외화장기차입금, 금융리스미지급금, 장기성매입채무, 퇴직급여충당금, 이연법인세부채 및 임대보증금으로 구분한다.

3) 고유목적사업준비금을 결산서에 인식하는 경우 해당 고유목적사업준비금은 유동부채 및 비유동부채와는 별도로 구분하여 표시한다.

라. 자본의 계정과목구분

1) 법인병원 등은 자본을 기본금, 자본잉여금, 기타포괄손익누계액 및 이익잉여금(결손금)으로 구분한다.

가) 기본금은 법인기본금과 기타기본금으로 구분한다.

나) 자본잉여금은 자본보존목적의 기타 자본잉여금으로 한다.

다) 기타포괄손익누계액은 재평가잉여금과 해외사업환산손익 등으로 구분한다.

라) 이익잉여금(결손금)은 차기이월잉여금(결손금) 및 당기순이익(순손실)으로 구분한다.

2) 개인병원은 자본금이라는 개념이 없고 총자산에서 총부채를 차감하면 자본이 되므로 이를 구분하지 아니한다.

마. 재무상태표 과목분류 및 내용해설은 별표 1과 같다.

2. 손익계산서

가. 손익계산서 작성기준

1) 모든 수익과 비용은 그것이 발생한 기간에 정당하게 배분되도록 처리하여야 한다. 다만, 수익은 실현시기를 기준으로 계상하고 미실현수익은 당기의 손익계산에 산입 하지 아니함을 원칙으로 한다.

2) 수익과 비용은 그 발생원천에 따라 명확하게 분류하고 각 수익항목과 이에 관련되는 비용항목을 대응 표시하여야 한다.

3) 수익과 비용은 총액에 의하여 기재함을 원칙으로 하고 수익항목과 비용항목을 직접 상계함으로써 그 전부 또는 일부를 손익계산서에서 제외하여서는 아니된다.

4) 손익계산서는 의료이익(의료손실), 법인세차감전순이익(순손실), 법인세비용, 고유목적사업준비금설정전 당기순이익(손실), 고유목적사업준비금전입액, 고유목적사업준비금환입액 및 당기순이익(순손실)으로 구분 표시하여야 한다.

나. 수익과목 계정과목 구분

수익과목은 의료수익과 의료외수익으로 구분한다.

1) 의료수익은 입원수익, 외래수익 및 기타의료수익으로 구분하며 의료수익감면을 차감한 후의 수익을 계상한다. 이 경우 의료수익감면에 대한 세부내역을 주석으로 기재하여야 한다.

2) 의료수익감면은 진료비에누리(또는 진료비할인), 연구용환자감면 및 자선환자감면 등으로 구분한다.

가) 진료비에누리는 일정한 요건에 적합한 환자에 대하여 사전에 약정한 할인율에 따라 진료비의 일부 또는 전부를 감액하여 주는 것을 말한다.

나) 진료비할인은 진료비가 청구되어 의료미수금으로 계상되었으나 환자의 지불능력부족 등의 이유로 진료비의 일부 또는 전부를 감액하여 주는 것을 말한다.

다) 연구용환자나 자선환자에 대해 진료비를 일부 또는 전부를 감면해주는 경우, 환자로부터 수납한 진료비만을 수익으로 계상한다.

3) 의료외수익은 의료부대수익, 이자수익, 배당금수익, 임대료수익, 단기매매증권처분이익, 단기매매증권평가이익, 연구수익, 외환차익, 외화환산이익, 투자자산처분이익, 유형자산처분이익, 대손충당금환입, 기부금수익, 잡이익, 자산수증이익, 채무면제이익 및 보험차익 등으로 구분한다.

가) 의료부대수익은 주차장직영수익, 매점직영수익, 일반식당직영수익, 영

안실직영수익 및 기타 시설직영수입 등으로 구분할 수 있다. 이 경우 의료부대수익에 대한 세부내역을 주석으로 기재하여야 한다.

나) 임대료수익은 임대한 병원시설에 따라 영안실임대수익 및 매점임대수익 등으로 구분할 수 있다.

다) 연구수익은 연구가 1년 이상 진행되는 경우 진행기준에 따라 인식한다.

다. 비용과목 계정과목 구분

비용과목은 의료비용과 의료외비용으로 구분한다.

1) 의료비용은 인건비, 재료비 및 관리운영비로 구분한다.

가) 인건비는 급여, 제수당 및 퇴직급여로 구분한다.

나) 재료비는 약품비, 진료재료비 및 급식재료비로 구분하며 약품, 진료재료 등의 매입조건이나 대금지불조건 등에 따라 발생하는 매입대금의 감액은 매입에누리(또는 매입할인)로 분류하고, 약품 등의 매입액에서 직접 차감하여 표시한다.

(1) 매입에누리는 일정기간의 거래수량이나 거래금액 또는 대금지불조건 등에 따라 약품 등의 매입대금일부를 감액 받는 것을 말한다.

(2) 매입할인은 약품, 진료재료 등의 매입과 관련하여 발생한 채무를 조기 번제함으로써 상대방으로부터 할인받는 금액을 말한다.

다) 관리운영비는 복리후생비, 여비교통비, 통신비, 전기수도료, 세금과공과, 보험료, 환경관리비, 지급임차료, 지급수수료, 수선비, 차량유지비, 교육훈련비, 도서인쇄비, 접대비, 행사비, 연료비, 선교비, 의료사회사업비, 소모품비, 자체연구비, 감가상각비, 무형자산상각비, 임차자산개량상각비, 광고선전비, 대손상각비, 피복침구비, 외주용역비, 잡비 및 의료분쟁비용 등으로 구분한다.

(1) 의료분쟁비용은 의료사고 보상금, 의료사고 처리수수료 등으로 구분할 수 있으며, 이에 대한 세부내역을 주석으로 기재하여야 한다.

2) 의료외비용은 의료부대비용, 이자비용, 기타의 대손상각비, 기부금, 단기매매증권처분손실, 단기매매증권평가손실, 연구비용, 외환차손, 외화환산손실, 투자자산처분손실, 유형자산처분손실, 재고자산감모손, 고유목적사업비, 잡손실 및 재해손실 등으로 구분한다.

가) 의료부대비용은 주차장직영비용, 매점직영비용, 일반식당직영비용, 영안실직영비용 및 기타 시설직영비용 등으로 구분할 수 있다. 이 경우 의료부대비용에 대한 세부내역을 주석으로 기재하여야 한다.

(1) 의료부대비용은 의료비용과 별도로 인건비, 재료비, 관리운영비 등으로 구분하고, 공통비용은 의료기관의 특성을 고려하여 합리적인 기준에 따라 배분한다.

① 인건비는 인력 수, 총 급여 및 투입시간 등의 기준으로 배분한다.

② 재료비는 재료의 투입량, 직접재료비, 사용면적(병실수), 사용인원 등의 기준으로 배분한다.

③ 관리운영비는 매출액, 점유면적, 서비스시간, 사용인원, 관련 유형자산 가액 등의 기준으로 배분한다.

나) 학교법인병원·국립대학교병원 및 서울대학교병원에서 법인에 전출한 이익금은 고유목적사업비로 처리한다. 이 경우 고유목적사업비의 세부사용내역을 주석으로 기재하여야 한다.

다) 연구비용은 연구가 1년 이상 진행되는 경우 진행기준에 따라 인식한다.

3) 학교법인·국립대학교병원·서울대학교병원 또는 의료법인 등에서 이익금의 일부 또는 전부를 고유목적사업준비금으로 전입하기 위해 결산서에 반영하는 경우 해당 금액은 고유목적사업준비금전입액으로 처리하고, 고유목적사업준비금전입액은 의료비용 및 의료외비용과는 별도로 구분하여 표시한다. 이 경우 고유목적사업준비금의 세부사용내역을 주석으로 기재하여야 한다.

라. 법인세비용

법인세비용은 법인세법등의 법령에 의하여 당해 연도의 부담법인세와 법인세에 부가되는 세액합계에 당기 이연법인세 변동액을 가감하여 법인세비용을 산출한다. 다만, 학교법인병원?국립대학교병원 및 서울대학교병원 이외의 병원은 법인세부담액을 법인세비용으로 계상할 수 있다.

마. 손익계산서 과목분류 및 내용해설은 별표 2와 같다.

3. 자산·부채의 평가

가. 증여 받은 자산의 평가

1) 당해 자산의 취득을 위하여 통상적으로 소요되는 가액과 비교하여 현저하게 저렴한 가격으로 취득한 자산 또는 증여 받은 자산은 취득하거나 증여 받은 때의 시가로 평가한다.

2) 증여 받은 자산의 시가는 「부동산가격공시 및 감정평가에 관한 법률」에 의한 감정평가액에 의함을 원칙으로 하되, 토지의 경우는 동법 제3조의 규정에 의한

당해 토지의 공시지가(당해 토지의 공시지가가 없는 경우는 동법 제9조의 규정에 의하여 산정한 개별토지의 가격)에 의할 수 있다.

나. 진료비청구액의 삭감

1) 국민건강보험 등의 적용을 받아 진료비의 일부 또는 전부가 보험자단체에 의하여 지불되는 환자에 대하여 청구한 진료비의 일부가 삭감되는 경우에는 보험자단체의 심사가 완료되어 수납할 금액이 확정된 시점을 기준으로 하여 이미 계상된 의료미수금과 의료수익을 상계 처리한다. 이 경우 의료수익 삭감액에 대한 세부내역을 주석으로 기재하여야 한다.

2) 삭감된 진료비중 보험자단체에 이의 신청하여 일부 또는 전부가 수납될 경우에는 수납된 시점에 의료수익이 수납액만큼 발생한 것으로 회계 처리한다. 따라서 이의신청 시는 회계처리하지 않으며 이의신청장부에 비망으로 기록한다.

다. 국고보조금의 처리방법

1) 국립대학교병원이나 지방공사의료원 등의 공공병원이 적자보전이나 운영비보조 등 다음과 같은 수익적 지출에 충당하기 위해 국고보조금을 받았다면 의료외수익 중 기부금수입으로 처리한다.

가) 지방자치단체에서 지방공사의료원이 의료급여환자를 많이 진료하여 적자가 발생할 경우 건강보험수가와의 수가차액을 보조해주는 경우

나) 공공병원이 차관 등의 이자를 지불할 능력이 충분하지 않을 경우 지방자치단체에서 이자비용을 보조해 주는 경우

다) 기타 공공병원의 운영적자를 지방자치단체에서 보조해 주는 경우

2) 시설투자목적 등 자본적 지출에 충당할 목적으로 받은 국고보조금은 이를 취득자산에서 차감하는 형식으로 표시하고 당해 자산의 내용연수에 걸쳐 상각금액과 상계하며, 당해 자산을 처분하는 경우에는 그 잔액을 당해 자산의 처분손익에 차감 또는 부가한다.

4. 기본금변동계산서

기본금변동계산서는 기본금, 자본잉여금, 기타포괄손익누계액, 이익잉여금(결손금), 이익잉여금처분액 및 차기이월이익잉여금(결손금)으로 구분한다.

5. 현금흐름표

현금흐름표는 영업활동으로 인한 현금흐름, 투자활동으로 인한 현금흐름, 재무활동으로 인한 현금흐름, 현금의 증가, 기초의 현금 및 기말의 현금으로 구분한다.

6. 주석

가. 주석 작성기준

1) 주석은 재무상태표, 손익계산서, 기본금변동계산서 및 현금흐름표에 표시된 개별 항목과 상호 연결시켜 표시한다.

2) 주석은 일반적으로 다음 순서로 표시한다.

가) 의료기관 회계기준을 준수하였다는 사실

나) 의료기관 회계기준 규칙 제3조에 따른 회계 구분 내역

다) 재무상태표, 손익계산서, 기본금변동계산서 및 현금흐름표에 표시된 항목에 대한 보충 정보

Ⅲ. 결 산

결산 시 작성하여야 하는 서류는 다음과 같다.

1. 재무상태표와 그 부속명세서
2. 손익계산서와 그 부속명세서
3. 기본금변동계산서(개인병원은 제외)
4. 현금흐름표
5. 주기와 주석

Ⅳ. 재무제표의 주요부속명세서

재무제표의 부속명세서로 작성하여야 하는 서류는 다음과 같다.

1. 의료미수금명세서(별지 제1호서식과 같다)
2. 재고자산명세서(별지 제2호서식과 같다)
3. 유형자산명세서(별지 제3호서식과 같다)
4. 감가상각누계액명세서(별지 제4호서식과 같다)
5. 차입금명세서(별지 제5호서식과 같다)
6. 진료과별?환자종류별 외래(입원)수익명세서(별지 제6호서식과 같다)
7. 직종별 인건비명세서(별지 제7호서식과 같다)
8. 진료과별 환자종류별 입원환자 명세서(별지 제8호서식과 같다)
9. 진료과별 환자종류별 외래환자 명세서(별지 제9호서식과 같다)

Ⅴ. 재검토기한

이 고시는「훈령·예규 등의 발령 및 관리에 관한 규정」(대통령훈령 제334호)에 따라 이 고시에 대하여 2017년 1월 1일을 기준으로 매 3년이 되는 시점(매 3년째의 12월 31일까지를 말한다)마다 그 타당성을 검토하여 개선 등의 조치를 하여야 한다.

부칙 〈제2003-78호, 2003. 12. 19〉

① (시행일) 이 고시는 고시한 날부터 시행한다.

② (비교표시에 관한 경과조치) 재무제표는 Ⅰ. 2. 2)의 규정에 불구하고 이 기준을 처음으로 적용하는 회계연도에는 당해 회계연도분만 작성할 수 있다.

부칙 〈제2010-25호, 2010. 2. 9〉

제1조(시행일) 이 고시는 발령한 날부터 시행한다.

제2조(비교표시에 관한 경과조치) 재무제표는 Ⅰ. 2. 2)의 규정에 불구하고 이 기준을 처음으로 적용하는 회계연도에는 당해 회계연도분만 작성할 수 있다.

부칙 〈제2015-234호, 2015. 12. 31〉

이 고시는 공포한 날부터 시행하되, 2016년 회계연도부터 적용한다.

제 7 장

사회복지법인의 회계

Ⅰ. 예 산

1. 예산의 확정과 보고

사회복지법인의 대표이사 및 시설의 장은 예산을 편성하여 각각 법인 이사회의 의결 및 「사회복지사업법」에 의한 운영위원회 또는 「영유아보육법」 제25조에 따른 어린이집운영위원회에의 보고를 거쳐 예산을 확정한다. 다만, 법인이 설치·운영하는 시설인 경우에는 시설운영위원회에 보고한 후 법인 이사회의 의결을 거쳐 확정한다.

법인의 대표이사 및 시설의 장은 제1항에 따라 확정한 예산을 매 회계연도 개시 5일 전까지 관할 시장·군수·구청장에게 제출하여야 한다.

2. 준예산

회계연도 개시 전까지 법인 및 시설의 예산이 성립되지 아니한 때에는 법인의 대표이사 및 시설의 장은 시장·군수·구청장에게 그 사유를 보고하고 예산이 성립될 때까지 다음의 경비를 전년도 예산에 준하여 집행할 수 있다.

1. 임·직원의 보수
2. 법인 및 시설운영에 직접 사용되는 필수적인 경비
3. 법령상 지급의무가 있는 경비

Ⅱ. 회 계

1. 회계의 기본원칙

사회복지법인회계는 단식부기에 의한다. 단식부기에 의해 현금의 수입과 지출을 기록한 재무제표가 수지계산서이다. 다만, 법인회계와 수익사업회계에 있어서 복식부기의 필요가 있는 경우에는 복식부기에 의한다.

2. 수 입

사회복지법인은 현금의 수입과 지출을 담당하는 수입원과 지출원을 둔다. 모든 수입금의 수납은 이를 금융기관에 취급시키는 경우를 제외하고는 수입원이 아니면 수납하지 못한다. 수입원이 수납한 수입금은 그 다음날까지 금융기관에 예입하여야 한다. 수입원과 지출원은 원칙적으로 동일인으로 할 수 없다.

3. 지 출

지출은 지출사무를 관리하는 자 및 그 위임을 받아 지출명령이 있는 것에 한하여 지출원이 행한다. 지출명령은 예산의 범위 안에서 하여야 한다.

지출은 상용의 경비 또는 소액의 경비지출을 제외하고는 예금통장에 의하거나 「전자문서 및 전자거래 기본법」 제2조 제5호에 따른 전자거래로 행하여야 한다. 다만, 시설에 지원되는 국가 또는 지방자치단체의 보조금 지출은 보조금 결제 전용카드나 전용계좌를 이용하여야 한다.

Ⅲ. 결 산

법인의 대표이사 및 시설의 장은 법인회계와 시설회계의 세입·세출 결산보고서를 작성하여 각각 이사회의 의결 및 시설운영위원회에의 보고를 거친 후 다음 연도 3월 31일까지(「영유아보육법」 제2조에 따른 어린이집의 경우에는 5월 31일까지를 말한다) 시장·군수·구청장에게 제출하여야 한다. 다만, 법인이 설치·운영하는 시설인 경우에는 시설운영위원회에 보고한 후 법인 이사회의 의결을 거쳐 제출하여야 한다.

시장·군수·구청장은 제1항에 따라 결산보고서를 제출받은 때에는 20일 이내에 법인 및 시설의 세입·세출결산서를 시·군·구의 게시판과 인터넷 홈페이지에 20일 이상 공고하고, 법인의 대표이사 및 시설의 장으로 하여금 해당 법인 및 시설의 게시판과 인터넷 홈페이지에 20일 이상 공고하도록 하여야 한다.

사회복지법인 및 사회복지시설 재무·회계 규칙

제1장 총 칙

제1조(목적) 이 규칙은 「사회복지사업법」 제23조 제4항, 제34조 제3항 및 제45조 제2항의 규정에 의하여 사회복지법인 및 사회복지시설의 재무·회계 및 후원금관리에 관한 사항을 규정하여 재무·회계 및 후원금관리의 명확성·공정성·투명성을 기함으로써 사회복지법인 및 사회복지시설의 합리적인 운영에 기여함을 목적으로 한다. 〈개정 2012. 8. 7.〉

[전문개정 2005. 7. 15.]

제2조(재무·회계운영의 기본원칙) 사회복지법인(이하 "법인"이라 한다) 및 사회복지시설(법인이 설치·운영하는 사회복지시설을 포함하며, 이하 "시설"이라 한다)의 재무·회계는 그 설립목적에 따라 건전하게 운영되어야 한다. 〈개정 2012. 8. 7.〉

제2조의2(다른 법령과의 관계) 법인 및 시설의 재무 및 회계 처리에 관하여 다른 법령에 특별한 규정이 있는 경우를 제외하고는 이 규칙이 정하는 바에 따른다.

[본조신설 2012. 8. 7.]

제3조(회계연도) 법인 및 시설의 회계연도는 정부의 회계연도에 따른다. 다만, 「영유

아보육법」 제2조에 따른 어린이집의 회계연도는 매년 3월 1일에 시작하여 다음 연도 2월 말일에 종료한다. 〈개정 2012. 8. 7., 2015. 12. 24.〉

제4조(회계연도 소속구분) 법인 및 시설의 수입 및 지출의 발생과 자산 및 부채의 증감 · 변동에 관하여는 그 원인이 되는 사실이 발생한 날을 기준으로 하여 연도소속을 구분한다. 다만, 그 사실이 발생한 날을 정할 수 없는 경우에는 그 사실을 확인한 날을 기준으로 하여 연도소속을 구분한다. 〈개정 2012. 8. 7.〉

제5조(출납기한) 1회계연도에 속하는 법인 및 시설의 세입 · 세출의 출납은 회계 연도가 끝나는 날까지 완결하여야 한다. 〈개정 1993. 12. 27., 2012. 8. 7., 2015. 12. 24.〉 [제목개정 1998. 1. 7.]

제6조(회계의 구분) ① 이 규칙에서의 회계는 법인의 업무전반에 관한 회계(이하 "법인회계"라 한다), 시설의 운영에 관한 회계(이하 "시설회계"라 한다) 및 법인이 수행하는 수익사업에 관한 회계(이하 "수익사업회계"라 한다)로 구분한다.

② 법인의 회계는 법인회계, 해당 법인이 설치 · 운영하는 시설의 시설회계 및 수익사업회계로 구분하여야 하며, 시설의 회계는 해당 시설의 시설회계로 한다. [전문개정 2012. 8. 7.]

제6조의2(정보통신매체에 의한 재무 · 회계처리) ① 법인 및 시설의 재무 · 회계는 컴퓨터 회계프로그램으로 처리할 수 있다. 〈개정 2012. 8. 7.〉

② 보건복지부장관은 법인 및 시설의 재무 · 회계업무의 효율성 및 투명성을 높이기 위하여 「사회복지사업법」 제6조의2제2항에 따른 정보시스템으로서 법인 및 시설의 재무회계를 처리하기 위한 정보시스템을 구축 · 운영할 수 있다. 〈신설 2012. 8. 7.〉

③ 보건복지부장관, 시 · 도지사, 시장(「제주특별자치도 설치 및 국제자유도시 조성을 위한 특별법」 제17조 제2항에 따른 행정시장을 포함한다. 이하 같다) · 군수 · 구청장(자치구의 구청장을 말한다. 이하 같다)은 법인 또는 시설에 대하여 제2항에 따른 시스템을 사용할 것을 권장할 수 있다. 〈신설 2012. 8. 7., 2015. 12. 24.〉

④ 「사회복지사업법」 제42조에 따른 보조금을 받는 법인 및 시설은 제1항에 따른 컴퓨터 회계프로그램 중 보건복지부장관이 검증한 표준연계모듈이 적용된 정보시스템 또는 제2항에 따른 정보시스템을 사용하여 재무 · 회계를 처리하여야 한다. 다만, 보건복지부장관이 정하는 법인 및 시설은 그러하지 아니하다. 〈신설 2012. 8. 7.〉

⑤ 제1항에 따른 컴퓨터 회계프로그램 또는 제2항에 따른 시스템에 의하여 전자장부를 사용하는 경우에는 제24조에 따른 회계장부를 둔 것으로 본다. 〈개정 2012. 8. 7.〉

[본조신설 2005. 7. 15.]

제2장 예산과 결산

제1절 예　산

제7조(세입·세출의 정의) 1회계연도의 모든 수입을 세입으로 하고, 모든 지출을 세출로 한다.

제8조(예산총계주의원칙) 세입과 세출은 모두 예산에 계상하여야 한다.

[전문개정 1998. 1. 7.]

제9조(예산편성지침) ① 법인의 대표이사는 제2조의 취지에 따라 매 회계연도 개시 1월전까지 그 법인과 해당 법인이 설치·운영하는 시설의 예산편성 지침을 정하여야 한다. 〈개정 1998. 1. 7., 2012. 8. 7.〉

② 법인 또는 시설의 소재지를 관할하는 시장·군수·구청장은 특히 필요하다고 인정되는 사항에 관하여는 예산편성지침을 정하여 매 회계연도 개시 2월전까지 법인 및 시설에 통보할 수 있다. 〈개정 1998. 1. 7., 2012. 8. 7., 2015. 12. 24.〉

[제목개정 2012. 8. 7.]

제10조(예산의 편성 및 결정절차) ① 법인의 대표이사 및 시설의 장은 예산을 편성하여 각각 법인 이사회의 의결 및 「사회복지사업법」 제36조에 따른 운영위원회 또는 「영유아보육법」 제25조에 따른 어린이집운영위원회(이하 "시설운영위원회"라 한다)에의 보고를 거쳐 확정한다. 다만, 법인이 설치·운영하는 시설인 경우에는 시설운영위원회에 보고한 후 법인 이사회의 의결을 거쳐 확정한다. 〈신설 2012. 8. 7.〉

② 법인의 대표이사 및 시설의 장은 제1항에 따라 확정한 예산을 매 회계연도 개시 5일전까지 관할 시장·군수·구청장에게 제출(「사회복지사업법」 제6조의2제2항에 따른 정보시스템을 활용한 제출을 포함한다)하여야 한다. 〈개정 2009. 2. 5., 2012. 8. 7., 2015. 12. 24.〉

③ 제1항에 따라 예산을 편성할 경우 법인회계와 시설회계의 예산은 별표 1부터 별표 4까지에 따른 세입·세출예산과목 구분에 따라 편성하여야 한다. 다만, 다음

각 호의 시설은 각 호에서 정하는 바에 따라 편성한다. 〈개정 2009. 2. 5., 2010. 3. 19., 2012. 8. 7.〉

1. 「사회복지사업법」 제34조의5에 따른 사회복지관, 「노인복지법」 제36조 제1항 제1호에 따른 노인복지관,「장애인복지법」 제58조 제1항 제2호에 따른 장애인복지관, 그 밖에 보건복지부장관이 정하여 고시하는 시설: 별표 5 및 별표 6에 따른 세입·세출예산과목 구분에 따라 편성
2. 「영유아보육법」 제2조에 따른 어린이집: 별표 7 및 별표 8에 따른 세입·세출예산과목 구분에 따라 편성
3. 삭제 〈2012. 8. 7.〉
4. 삭제 〈2012. 8. 7.〉

④ 시장·군수·구청장은 제2항에 따라 예산을 제출받은 때에는 20일 이내에 법인과 시설의 회계별 세입·세출명세서를 시(「제주특별자치도 설치 및 국제자유도시 조성을 위한 특별법」 제15조 제2항에 따른 행정시를 포함한다. 이하 같다)·군·구(자치구를 말한다. 이하 같다)의 게시판과 인터넷 홈페이지에 20일 이상 공고하고, 법인의 대표이사 및 시설의 장으로 하여금 해당 법인 및 시설의 게시판과 인터넷 홈페이지에 20일 이상 공고하도록 하여야 한다. 〈개정 2009. 2. 5., 2012. 8. 7.〉

⑤ 제4항에 따른 공고는 「사회복지사업법」 제6조의2제2항에 따른 정보시스템에 게시하거나 「영유아보육법」 제49조의2제1항에 따라 공시하는 것으로 갈음할 수 있다. 〈개정 2015. 12. 24.〉

[전문개정 1998. 1. 7.]

제11조(예산에 첨부하여야 할 서류) ① 예산에는 다음 각호의 서류가 첨부되어야 한다. 다만, 단식부기로 회계를 처리하는 경우에는 제1호·제2호·제5호 및 제6호의 서류만을 첨부할 수 있고, 국가·지방자치단체·법인 외의 자가 설치·운영하는 시설로서 거주자 정원 또는 일일평균 이용자가 20명 이하인 시설(이하 "소규모 시설"이라한다)은 제2호 및 제6호의 서류만을 첨부할 수 있으며, 「영유아보육법」 제2조에 따른 어린이집은 보건복지부장관이 정하는 바에 따른다. 〈개정 1993. 12. 27., 2012. 8. 7.〉

1. 예산총칙
2. 세입·세출명세서

3. 추정대차대조표
4. 추정수지계산서
5. 임·직원 보수일람표
6. 당해예산을 의결한 이사회 회의록 또는 해당 예산을 보고받은 시설운영위원회 회의록 사본

② 제1항 제2호 내지 제5호의 서류의 서식은 별지 제1호서식 내지 별지 제4호서식에 의한다.

제12조(준예산) 회계연도 개시전까지 법인 및 시설의 예산이 성립되지 아니한 때에는 법인의 대표이사 및 시설의 장은 시장·군수·구청장에게 그 사유를 보고하고 예산이 성립될 때까지 다음의 경비를 전년도 예산에 준하여 집행할 수 있다. 〈개정 2012. 8. 7.〉

1. 임·직원의 보수
2. 법인 및 시설운영에 직접 사용되는 필수적인 경비
3. 법령상 지급의무가 있는 경비

제13조(추가경정예산) ① 법인의 대표이사 및 시설의 장은 예산성립후에 생긴 사유로 인하여 이미 성립된 예산에 변경을 가할 필요가 있을 때에는 제10조 및 제11조의 규정에 의한 절차에 준하여 추가경정예산을 편성·확정할 수 있다. 〈개정 2012. 8. 7.〉

② 법인의 대표이사 및 시설의 장은 추가경정예산이 확정된 날로부터 7일이내에 이를 시장·군수·구청장에게 제출하여야 한다. 〈개정 2012. 8. 7.〉

제14조(예비비) 법인의 대표이사 및 시설의 장은 예측할 수 없는 예산외의 지출 또는 예산의 초과지출에 충당하기 위하여 예비비를 세출예산에 계상할 수 있다. 〈개정 2012. 8. 7.〉

[전문개정 1999. 3. 11.]

제15조(예산의 목적외 사용금지) 법인회계 및 시설회계의 예산은 세출예산이 정한 목적외에 이를 사용하지 못한다.

제16조(예산의 전용) ① 법인의 대표이사 및 시설의 장은 관·항·목간의 예산을 전용할 수 있다. 다만, 법인 및 시설(소규모 시설은 제외한다)의 관간 전용 또는 동일 관내의 항간 전용을 하려면 이사회의 의결 또는 시설운영위원회에의 보고를 거쳐야 하되, 법인이 설치·운영하는 시설인 경우에는 시설운영위원회에 보고한

후 법인 이사회의 의결을 거쳐야 한다. 〈개정 1998. 1. 7., 2012. 8. 7.〉

② 제1항에도 불구하고 예산총칙에서 전용을 제한하고 있거나 이사회 및 시설 예산심의과정에서 삭감한 관·항·목으로는 전용하여서는 아니된다. 〈신설 2012. 8. 7.〉

③ 법인의 대표이사 및 시설의 장은 제1항에 따라 관·항 간 예산을 전용한 경우에는 관할 시장·군수·구청장에게 제19조 및 제20조에 따른 결산보고서를 제출할 때에 과목 전용조서를 첨부하여야 한다. 〈개정 2012. 8. 7.〉

제17조(세출예산의 이월) 법인의 대표이사 및 시설의 장은 법인회계와 시설회계의 세출예산중 경비의 성질상 당해회계연도안에 지출을 마치지 못할 것으로 예측되는 경비와 연도내에 지출원인행위를 하고 불가피한 사유로 인하여 연도내에 지출하지 못한 경비를 각각 이사회의 의결 및 시설운영위원회에의 보고를 거쳐 다음 연도에 이월하여 사용할 수 있다. 다만, 법인이 설치·운영하는 시설인 경우에는 시설운영위원회에 사전 보고한 후 법인 이사회의 의결을 거쳐야 한다. 〈개정 1998. 1. 7., 2012. 8. 7.〉

제18조(특정목적사업 예산) ① 법인의 대표이사 및 시설의 장은 완성에 수년을 요하는 공사나 제조 그밖의 특수한 사업을 위하여 2회계연도 이상에 걸쳐서 그 재원을 적립할 필요가 있는 때에는 회계연도마다 일정액을 예산에 계상하여 특정목적사업을 위한 적립금으로 적립할 수 있다. 〈개정 2012. 8. 7. , 2017. 2. 14.〉

② 적립금의 적립 및 사용 계획(변경된 계획을 포함한다)은 시장·군수·구청장에게 사전에 보고하여야 한다. 〈신설 2012. 8. 7.〉

③ 적립금은 그 적립목적에만 사용하여야 한다. 〈신설 2012. 8. 7.〉

④ 시장·군수·구청장은 법인 및 시설의 재정 상태 등을 고려하여 적립금의 적립 여부, 규모 및 적립기간 등에 관하여 필요한 조치를 할 수 있다. 〈신설 2012. 8. 7.〉

제2절 결 산

제19조(결산서의 작성 제출) ① 법인의 대표이사 및 시설의 장은 법인회계와 시설회계의 세입·세출 결산보고서를 작성하여 각각 이사회의 의결 및 시설운영위원회에의 보고를 거친 후 다음 연도 3월 31일까지(「영유아보육법」 제2조에 따른 어린이집의 경우에는 5월 31일까지를 말한다) 시장·군수·구청장에게 제출(「사회복지사업법」 제6조의2 제2항에 따른 정보시스템을 활용한 제출을 포함한다)하여야

한다. 다만, 법인이 설치 · 운영하는 시설인 경우에는 시설운영위원회에 보고한 후 법인 이사회의 의결을 거쳐 제출하여야 한다. 〈개정 2012. 8. 7. , 2015. 12. 24.〉

② 시장 · 군수 · 구청장은 제1항에 따라 결산보고서를 제출받은 때에는 20일 이내에 법인 및 시설의 세입 · 세출결산서를 시 · 군 · 구의 게시판과 인터넷 홈페이지에 20일 이상 공고하고, 법인의 대표이사 및 시설의 장으로 하여금 해당 법인 및 시설의 게시판과 인터넷 홈페이지에 20일 이상 공고하도록 하여야 한다. 〈신설 1998. 1. 7., 2009. 2. 5., 2012. 8. 7.〉

1. 삭제 〈2012. 8. 7.〉
2. 삭제 〈2012. 8. 7.〉

③ 제2항에 따른 공고는 「사회복지사업법」 제6조의2 제2항에 따른 정보시스템에 게시하거나 「영유아보육법」 제49조의2 제1항에 따라 공시하는 것으로 갈음할 수 있다. 〈개정 2015. 12. 24.〉

제20조(결산보고서에 첨부하여야 할 서류) ① 결산보고서에는 다음 각 호의 서류가 첨부되어야 한다. 다만, 단식부기로 회계를 처리하는 경우에는 제1호부터 제3호까지 및 제14호부터 제23호까지의 서류만을 첨부할 수 있고, 소규모 시설의 경우에는 제1호 및 제17호의 서류만을 첨부할 수 있으며, 「영유아보육법」 제2조에 따른 어린이집은 보건복지부장관이 정하는 바에 따른다. 〈개정 1993. 12. 27., 1998. 1. 7., 2012. 8. 7. , 2015. 12. 24.〉

1. 세입 · 세출결산서
2. 과목 전용조서
3. 예비비 사용조서
4. 대차대조표
5. 수지계산서
6. 현금 및 예금명세서
7. 유가증권명세서
8. 미수금명세서
9. 재고자산명세서
10. 기타 유동자산명세서(제6호 내지 제9호의 유동자산외의 유동자산을 말한다)
11. 고정자산(토지 · 건물 · 차량운반구 · 비품 · 전화가입권)명세서
12. 부채명세서(차입금 · 미지급금을 포함한다)

13. 제충당금명세서
14. 기본재산수입명세서(법인만 해당한다)
15. 사업수입명세서
16. 정부보조금명세서
17. 후원금수입 및 사용결과보고서(전산파일을 포함한다)
18. 후원금 전용계좌의 입출금내역
19. 인건비명세서
20. 사업비명세서
21. 기타비용명세서(인건비 및 사업비를 제외한 비용을 말한다)
22. 감사보고서
23. 법인세 신고서(수익사업이 있는 경우에 한한다)

② 제1항 제1호 내지 제3호의 서류는 별지 제5호서식·별지 제5호의2서식 내지 별지 제5호의4서식·별지 제6호서식 및 별지 제7호서식에 의하고, 제1항 제4호 및 제5호의 서류는 별지 제2호서식 및 별지 제3호서식에 의하며, 제6호부터 제17호까지의 서류는 별지 제8호서식부터 별지 제19호서식까지에 따르며, 제19호부터 제22호까지의 서류는 별지 제20호서식부터 별지 제23호서식까지에 따른다. 〈개정 2005. 7. 15., 2012. 8. 7.〉

제3장 회 계

제1절 총 칙

제21조(수입 및 지출사무의 관리) ① 법인의 대표이사와 시설의 장은 법인과 시설의 수입 및 지출에 관한 사무를 관리한다.

② 법인의 대표이사와 시설의 장은 수입 및 지출원인행위에 관한 사무를 각각 소속직원에게 위임할 수 있다.

제22조(수입과 지출의 집행기관) ① 법인과 시설에는 수입과 지출의 현금출납업무를 담당하게 하기 위하여 각각 수입원과 지출원을 둔다. 다만, 법인 또는 시설의 규모가 소규모인 경우에는 수입원과 지출원을 동일인으로 할 수 있다.

② 제1항의 수입원과 지출원은 각각 그 법인의 대표이사와 시설의 장이 임면한다.

제23조(회계의 방법) 회계는 단식부기에 의한다. 다만, 법인회계와 수익사업회계에 있어서 복식부기의 필요가 있는 경우에는 복식부기에 의한다.

[전문개정 1993. 12. 27.]

제24조(장부의 종류) ① 법인 및 시설에는 다음의 회계장부를 둔다. 〈개정 1998. 1. 7.〉

1. 현금출납부
2. 총계정원장
3. 삭제 〈2012. 8. 7.〉
4. 재산대장
5. 비품관리대장
6. 삭제 〈2009. 2. 5.〉
7. 삭제 〈1998. 1. 7.〉
8. 삭제 〈1998. 1. 7.〉
9. 삭제 〈1998. 1. 7.〉
10. 삭제 〈1998. 1. 7.〉
11. 삭제 〈1998. 1. 7.〉
12. 삭제 〈1998. 1. 7.〉

② 제1항 제1호부터 제5호까지의 규정에 따른 회계장부는 별지 제24호서식, 별지 제24호의2서식, 별지 제25호서식, 별지 제25호의2서식 및 별지 제26호서식부터 별지 제28호서식까지에 따른다. 〈개정 2009. 2. 5.〉

제2절 수 입

제25조(수입금의 수납) ① 모든 수입금의 수납은 이를 금융기관에 취급시키는 경우를 제외하고는 수입원이 아니면 수납하지 못한다.

② 수입원이 수납한 수입금은 그 다음날까지 금융기관에 예입하여야 한다. 〈개정 1998. 1. 7.〉

③ 제1항 및 제2항의 규정에 의한 수입금에 대한 금융기관의 거래통장은 제6조의 규정에 의한 회계별로 구분될 수 있도록 보관·관리하여야 한다. 〈신설 1998. 1. 7.〉

제26조(과년도 수입과 반납금 여입) ① 출납이 완결한 연도에 속하는 수입 기타 예산외의 수입은 모두 현년도의 세입에 편입하여야 한다.

② 지출된 세출의 반납금은 각각 지출한 세출의 당해과목에 여입할 수 있다.

제27조(과오납의 반환) 과오납된 수입금은 수입한 세입에서 직접 반환한다.

제3절 지 출

제28조(지출의 원칙) ① 지출은 제21조의 규정에 의한 지출사무를 관리하는 자 및 그 위임을 받아 지출명령이 있는 것에 한하여 지출원이 행한다.

② 제1항의 지출명령은 예산의 범위안에서 하여야 한다.

제29조(지출의 방법) ① 지출은 상용의 경비 또는 소액의 경비지출을 제외하고는 예금통장에 의하거나 「전자문서 및 전자거래 기본법」 제2조 제5호에 따른 전자거래로 행하여야 한다. 다만, 시설에 지원되는 국가 또는 지방자치단체의 보조금 지출은 보조금 결제 전용카드나 전용계좌를 이용하여야 한다. 〈개정 2009. 2. 5., 2012. 8. 7. , 2012. 8. 31., 2015. 12. 24.〉

② 제1항에도 불구하고 지출원은 상용의 경비 또는 소액의 경비를 지출할 수 있으며, 이를 위하여 100만원 이하의 현금을 보관할 수 있다. 〈개정 2009. 2. 5., 2012. 8. 7.〉

③ 제1항 및 제2항에 따른 상용의 경비 또는 소액의 경비지출의 범위는 시·도지사가 정할 수 있다. 〈신설 2012. 8. 7.〉

제30조(지출의 특례) ① 지출에 있어서 선금급을 할 수 있는 경비의 범위는 다음과 같다. 〈개정 2009. 2. 5.〉

1. 외국에서 직접 구입하는 기계, 도서, 표본 또는 실험용재료의 대가
2. 정기간행물의 대가
3. 토지 또는 가옥의 임대료와 용선료
4. 운임
5. 소속직원중 특별한 사정이 있는 자에 대하여 지급하는 급여의 일부
6. 관공서(「공공기관의 운영에 관한 법률」에 따른 공공기관 및 특별법에 의하여 설립된 특수법인을 포함한다)에 대하여 지급하는 경비
7. 외국에서 연구 또는 조사에 종사하는 자에 대하여 지급하는 경비
8. 보조금
9. 사례금
10. 계약금액이 1천만원이상인 공사나 제조 또는 물건의 매입을 하는 경우에 계약금액의 100분의 50을 초과하지 아니하는 금액

② 지출에 있어서 개산급을 할 수 있는 경비의 범위는 다음과 같다. 〈개정 2009. 2. 5.〉

1. 여비 및 판공비
2. 관공서(「공공기관의 운영에 관한 법률」에 따른 공공기관 및 특별법에 의하여 설립된 특수법인을 포함한다)에 대하여 지급하는 경비
3. 보조금
4. 소송비용

수 지 계 산 서

년 월 일부터
년 월 일까지

과목	금액		
Ⅰ. 수입			
1. 재산수입		○○○	
가. 기본재산수입	○○○		
나. 재산매각대	○○○		
2. 사업수입		○○○	
3. 과년도수입		○○○	
4. 보조금수입		○○○	
가. 정부보조금	○○○		
나. 후원금	○○○		
5. 차입금		○○○	
6. 전입금		○○○	
7. 이월금		○○○	
8. 잡수입		○○○	
가. 물품매각대	○○○		
나. 예금이자	○○○		
다. 잡수입	○○○		
수입합계			○○○
Ⅱ. 지출			
1. 사무비		○○○	
가. 인건비	○○○		
나. 물건비	○○○		
다. 수용비 및 수수료	○○○		
라. 판공비	○○○		
마. 공공요금	○○○		
바. 제세공과금	○○○		
사. 차량비	○○○		
2. 재산조성비		○○○	
가. 시설비	○○○		
나. 재산관리비	○○○		
3. 수익사업비		○○○	
4. 전출금		○○○	
가. ○○시설 전출금	○○○		
나. ○○시설 전출금	○○○		
5. 과년도 지출		○○○	
6. 상환금		○○○	
7. 사업비		○○○	
8. 잡지출		○○○	
9. 예비비		○○○	
지출합계			○○○
Ⅲ. 당기잉여금			○○○

제 8 장

공기업의 회계

Ⅰ. 공공기관의 현황

공기업회계에서 가장 중요한 내용은 구분회계라고 할 수 있다. 공기업회계에서 왜 구분회계가 필요한 경우가 발생하고, 이를 뒷받침하는 법적 근거는 무엇인가를 이해하는 것이 중요하다. 이에 대한 선행단계로 어떠한 유형의 공공기관이 있는지를 이해할 필요가 있다.

「공공기관의 운영에 관한 법률」에서 공공기관의 유형에 대하여 규정하고 있다. 즉, 기획재정부장관은 국가·지방자치단체가 아닌 법인·단체 또는 기관으로서 다음 중 어느 하나에 해당하는 기관을 공공기관으로 지정할 수 있다(공공기관의 운영에 관한 법률 제4조).

1. 다른 법률에 따라 직접 설립되고 정부가 출연한 기관

2. 정부지원액이 총수입액의 2분의 1을 초과하는 기관

3. 정부가 100분의 50 이상의 지분을 가지고 있거나 100분의 30 이상의 지분을 가지고 임원 임명권한 행사 등을 통하여 당해 기관의 정책 결정에 사실상 지배력을 확보하고 있는 기관

4. 정부와 앞의 3가지 유형의 기관이 합하여 100분의 50 이상의 지분을 가지고 있거나 100분의 30 이상의 지분을 가지고 임원 임명권한 행사 등을 통하여 당해 기관의 정책 결정에 사실상 지배력을 확보하고 있는 기관

5. 앞의 4가지 유형에 해당하는 기관이 단독으로 또는 두개 이상의 기

관이 합하여 100분의 50 이상의 지분을 가지고 있거나 100분의 30 이상의 지분을 가지고 임원 임명권한 행사 등을 통하여 당해 기관의 정책 결정에 사실상 지배력을 확보하고 있는 기관

한편, 「공공기관의 운영에 관한 법률」에서는 공공기관의 책임경영체제를 확립하기 위하여 공공기관의 자율적 운영을 보장하도록 규정하고 있다.

[공공기관의 유형[1)]]

유 형		특 징
공기업	자체수익/총수입≥50%	
	시장형(14)	자산규모가 2조원 이상이고, 총수입액 중 자체수입액이 대통령이 정하는 기준 이상인 공기업 (총수입액 중 자체수입액 ≥ 85%)
	준시장형(16)	시장형 공기업이 아닌 공기업 (총수입액 중 자체수입액이 50% 이상 85% 미만)
준정부기관	직원점원이 50인 이상, 공기업이 아닌 공공기관 중 지정	
	기금관리형 준정부기관(17)	국가재정법에 따라 기금을 관리하거나 자금의 관리를 위탁받은 기관
	위탁집행형 준정부기관(69)	기금관리형 준정부기관이 아닌 준정부기관
기타	기타 공공기관(200)	공기업과 준정부기관을 제외한 기관

Ⅱ. 공기업 등의 회계

「공공기관의 운영에 관한 법률」 제5조에 따른 공기업·준정부기관의 회계처리는 다른 법령에 특별한 규정이 있는 경우 외에는 「공기업·준정부기관 회계사무규칙」에서 정하는 바에 따른다.

공기업·준정부기관의 경영활동에서 발생하는 경제적 거래 등은 발생한 시점을 기준으로 복식부기 방식으로 회계처리하여야 한다.

1) 기획재정부의 보도자료 '2016년도 공공기관 지정안 확정'을 참조함.

1. 공공기관의 구분회계

공공기관의 기관장은 각 공기업·준정부기관의 설립에 관한 법률, 그 밖의 법령에서 회계단위를 구분하도록 정한 경우에는 재원의 원천 또는 목적사업별 등으로 구분하여 회계처리하고, 구분회계 사이의 내부거래 및 미실현손익을 제거한 후 이를 통합한 결산서를 작성하여야 한다. 이 경우 구분된 회계단위별 경영성과 및 재무현황을 주석으로 기재한다.

공기업·준정부기관이 관리·운용하는 기금에 대하여 공기업·준정부기관은 관계법령에서 정하는 바에 따라 따로 결산서를 작성하여야 한다. 이 경우 기금의 결산서는 통합결산서 작성 대상에서 제외한다.

공공기관의 기관장은 회계를 총괄하기 위하여 본사에 총괄회계부서를 두고, 본사와 지점 사이의 거래는 본사·지점계정으로 회계처리한다.

2. 공기업의 구분회계

(1) 손실보전을 위한 구분회계

손실보전조항은 정부가 수행할 업무를 대행함에 따라 발생한 손실을 보전해 줌으로써 공익사업을 원활하게 수행하도록 하고자 하는 경우를 말한다. 공기업이 정부의 정책사업을 대행하는 경우에 정책대행사업에서 손실이 발생할 가능성이 크다. 이러한 이유에서 정책대행으로 발생한 손실을 정부에서 보전해주는 것이다.

예를 들어, 「한국토지주택공사법」 제11조의2에서는 한국토지주택공사의 경우 보금자리주택사업, 산업단지조성사업, 기타 대통령령으로 정하는 공익사업에서 발생한 손실을 정부가 보전해주도록 규정하고 있다. 이러한 손실보전조항이 가능하기 위해서는 사업별로 구분회계가 선행되어야 한다.

각 공공기관의 설립근거법률에서는 정책사업과 관련한 손실보전조항을 임의사항으로 규정한 경우도 있으며, 의무사항으로 규정한 경우도 있다. 이를 각각 임의적 손실보전과 의무적 손실보전이라고 한다.

[공공기관별 손실보전 내용[2)]]

유 형	기 관	손실보전내용
준시장형공기업	대한석탄공사	임의적 손실보전
	한국광물자원공사	임의적 손실보전
	한국토지주택공사	보금자리주택사업, 산업단지조성사업 등 대통령령으로 정하는 공익사업에 한하여 의무적 손실보전
위탁집행형준정부기관	대한무역투자진흥공사	임의적 손실보전
	한국장학재단	임의적 손실보전
기금관리형준정부기관	신용보증기금	의무적 손실보전
	기술보증기금	의무적 손실보전
	중소기업진흥공단	의무적 손실보전
	한국무역보험공사	의무적 손실보전
	한국주택금융공사	의무적 손실보전
기타공공기관	한국정책금융공사	의무적 손실보전
	한국수출입은행	의무적 손실보전
	중소기업은행	의무적 손실보전
	한국산업은행	의무적 손실보전

(2) 규제서비스에 대한 구분회계

자연독점은 상품의 특성상 규모의 경제의 효과가 매우 커, 한 기업이 독점적으로 생산할 때 비용이 낮아지는 경우에 자연스럽게 생겨난다. 이러한 자연독점에 해당하는 사업은 정부에 의하여 이루어지거나 정부의 규제를 받는 경우가 대다수이다. 이는 독점이 가져오는 폐해를 완화하기 위해서이다. 이러한 이유로 정부의 규제를 받는 사업을 규제사업이라고 한다.

공기업이 규제사업과 경쟁사업을 병행하는 경우 내부보조를 방지할 필요가 있다. 규제사업에서 경쟁부문의 사업을 지원할 경우 공정한 경쟁을 저해하기 때문이다.

규제사업에서 공급하는 재화와 용역의 가격을 결정하기 위해서도 구분

2) 국회예산정책처 정책자료 '손실보전 의무조항 공공기관의 채권발행 현황과 법률 개선과제'를 참조함.

회계가 필요하다. 일반적으로 규제서비스는 기획재정부가 고시하는 공공요금 산정기준에 따라 원가에 일정 이윤을 가산하는 방식에 따라 가격이 결정된다. 자연독점상품을 공급할 때 과도한 이윤을 추구하는 경우를 방지하기 위해서다. 이때 원가보상방식에 의한 가격을 구분하기 위해서는 구분회계가 반드시 필요하다.

(3) 부채관리를 위한 구분회계

최근에 공공부문 부채의 가파른 증가가 사회적인 이슈로 대두되었다. 공기업의 부채의 증가원인으로 정부사업대행, 요금규제, 신규투자의 증대, 경영비효율이 지목되고 있다. 공기업의 부채는 발생 원인별로 해결방안이 다르게 제시되어야 한다. 부채를 관리하기 위한 방안의 일환으로 구분회계 단위별로 재무제표를 의무적으로 작성하는 구분회계제도를 도입하기로 하였다.

기획재정부는 2013년 12월에 공공기관 정상화 대책을 발표하였는데, 부채감축방안의 일환으로 구분회계도입방안을 발표하였다. 이에 따라 2016년 말 현재 13개의 공기업이 시범도입기관으로 선정되어 구분회계가 우선적으로 도입되었다. 이러한 부채관리를 위한 구분회계는 다른 공기업으로 확대 적용할 계획이다.

Ⅲ. 공공기관의 회계감사

공기업·준정부기관은 회계연도가 종료된 때에는 지체 없이 그 회계연도의 결산서를 작성하고, 감사원규칙이 정하는 바에 따라 다음 각 호의 어느 하나에 해당하는 자 중에서 선임한 회계감사인의 회계감사를 받아야 한다.

1. 「공인회계사법」 제23조에 따른 회계법인
2. 「주식회사의 외부감사에 관한 법률」에 따른 감사반

공기업·준정부기관 회계사무규칙

[시행 2011. 1. 1.] [기획재정부령 제177호, 2010. 12. 20., 일부개정]

제1조(목적) 이 규칙은 「공공기관의 운영에 관한 법률」 제39조 제3항에 따라 공기업·준정부기관의 회계처리원칙 등에 필요한 사항을 규정함을 목적으로 한다.

제2조(다른 법령과의 관계 등) ① 「공공기관의 운영에 관한 법률」(이하 "법"이라 한다) 제5조에 따른 공기업·준정부기관의 회계처리에 관하여 다른 법령에 특별한 규정이 있는 경우 외에는 이 규칙에서 정하는 바에 따른다.

② 공기업·준정부기관의 장(이하 "기관장"이라 한다)은 해당 공기업·준정부기관의 업무의 특성 및 재무건전성 확보, 그 밖에 불가피한 사유가 있는 경우에는 기획재정부장관의 승인을 받아 이 규칙에서 정하는 내용과 다른 내용의 회계처리원칙 등을 정할 수 있다. 〈개정 2010. 12. 20.〉

③ 기관장이 제2항에 따른 승인을 요청할 때에는 주무기관의 장을 거쳐야 한다.

④ 공기업·준정부기관이 관리·운용하는 기금(「국가재정법」 제5조 제1항에 따라 설치된 기금만 말한다. 이하 같다)의 회계처리에 관하여는 이 규칙에서 특별히 정한 사항 외에는 이 규칙을 적용하지 아니한다.

⑤ 공기업·준정부기관의 회계처리에 관하여 이 규칙에서 정하지 아니한 사항은 「주식회사의 외부감사에 관한 법률」 제13조 제1항 제1호의 회계처리기준을 따른다. 〈개정 2010. 12. 20.〉

제3조(공기업·준정부기관의 지정·해제 등) ① 법 제6조에 따라 공기업·준정부기관으로 새로 지정되거나 재지정된 기관은 지정된 날이 속하는 회계연도에는 이 규칙에도 불구하고 지정 당시 적용되던 법령이나 해당기관의 회계 관련 규정이 정하는 바에 따른다. 다만, 지정된 날이 속하는 회계연도에 대한 결산은 이 규칙을 따른다.

② 공기업·준정부기관이 법 제6조에 따라 공기업·준정부기관에서 해제되거나 기타공공기관으로 변경 지정된 때에는 해제 또는 변경된 날이 속하는 회계연도에 대한 결산은 이 규칙을 적용하지 아니한다.

제4조(회계원칙) 공기업·준정부기관의 경영활동에서 발생하는 경제적 거래 등은 발생한 시점을 기준으로 복식부기 방식으로 회계처리하여야 한다.

제5조(회계담당) ① 기관장은 회계에 관한 업무를 총괄적으로 수행하기 위하여 회계책임자를 임명하여야 하며 각 회계단위별로 다음 각 호의 회계담당을 둔다.

1. 수입에 관한 업무를 담당하는 수입담당
2. 지출에 관한 업무를 담당하는 지출담당
3. 지출원인행위에 관한 업무를 담당하는 지출원인행위담당
4. 일상경비에 관한 업무를 담당하는 일상경비취급담당
5. 유가증권을 관리하는 유가증권관리담당
6. 물품관리에 관한 업무를 담당하는 물품관리담당
7. 재고자산·고정자산 및 기타자산을 관리하는 각 자산관리담당

② 제1항 각 호에 따른 회계담당 중 수입담당과 지출담당 간, 지출담당과 지출원인행위담당 간에는 겸직할 수 없다. 다만, 해외사무소인 경우와 정원이 너무 적은 경우 등 겸직이 불가피한 경우에는 그러하지 아니하다.

③ 기관장은 필요하다고 인정하면 소속직원으로 하여금 제1항에 따른 회계담당의 사무 전부를 대리하게 하거나 그 일부를 분장하게 할 수 있다.

제6조(지급금의 지출) ① 지급금은 채권자(공사·제조 또는 구매계약을 이행하기 위하여 하도급계약을 체결한 경우에는 채권자가 지명하는 하도급자를 포함한다)가 지정하는 금융회사 등의 예금계좌 또는 체신관서의 우편대체계좌에 입금(이하 이 조에서 "채권자계좌입금"이라 한다)하는 방법으로 지급하여야 한다. 다만, 다음 각 호의 어느 하나에 해당하는 지출의 경우에는 채권자계좌입금이 아닌 방법으로 지급할 수 있다. 〈개정 2010. 12. 20.〉

1. 인건비·여비·일상경비 및 경상적 경비를 지출하는 경우
2. 건당 5만원(부가가치세를 포함한다) 미만을 지출하는 경우
3. 그 밖에 채권자계좌입금의 방법에 따라 지급하는 것이 특별히 곤란하다고 인정되는 경우

② 제1항 각 호의 어느 하나에 해당하는 지출의 경우 현금으로 지급하여야 할 특별한 사유가 있는 경우 외에는 수표 또는 「여신전문금융업법」에 따른 신용카드로 지급하여야 한다.

③ 지급금은 채권자가 공기업·준정부기관에 지급을 청구한 날부터 14일 이내에 지급하여야 한다. 다만, 불가피한 사유로 지급이 불가능하여 그 사유를 채권자에게 알린 경우에는 그러하지 아니하다.

제7조(일상경비의 지급) ① 기관장은 업무의 성격상 현금으로 지급하지 아니하면 업무수행에 지장을 줄 우려가 있는 경우에는 필요한 자금을 일상경비로 지급할 수 있다. 이 경우 그 사유를 적고 주기적으로 집행의 적정성을 확인하여야 한다.

② 제1항에 따른 일상경비의 범위는 다음 각 호와 같다.

1. 외국에서 지급하는 경비
2. 교통이나 통신이 불편한 지역에서 지급하는 경비
3. 사무소의 일상적 경비와 여비로서 500만원 한도의 경비
4. 사무소에서 필요한 부식물의 매입경비
5. 사무소직영의 공사·제조 또는 조립에 필요한 경비로서 2천만원 한도의 경비
6. 업무추진비
7. 증인·감정인 등에게 지급하는 경비
8. 사례금
9. 법령에 따른 시료 구입비 및 시험조사 수수료

③ 제1항에 따른 자금은 다음 각 호의 기준에 따라 지급하여야 한다.

1. 사무소의 일상적 경비는 매 1개월분 범위의 금액을 예정하여 지급할 것. 다만, 외국에서 지급하는 경비, 교통이나 통신이 불편한 지역에서 지급하는 경비 또는 지급장소가 일정하지 아니한 사무소의 경비는 사무의 필요에 따라 3개월분 범위의 금액을 지급할 수 있다.
2. 수시로 지출하는 비용은 그 금액을 예정하여 사무에 지장이 없는 범위에서 가능하면 나누어 지급할 것

제8조(선금의 지급) ① 기관장은 운임, 용선료, 여비, 공사·제조·용역계약 등의 대가로서 그 성질상 미리 지급하지 아니하면 사무 또는 사업에 지장을 줄 우려가 있는 경우에는 미리 지급할 수 있다.

② 제1항에 따라 미리 지급할 수 있는 경비는 다음 각 호와 같다. 〈개정 2010. 12. 20.〉

1. 외국에서 직접 구입하는 기계·도서·표본 또는 실험용 재료의 대가
2. 정기간행물의 대가
3. 토지 또는 건물의 임대료와 용선료
4. 운임
5. 봉급 기준일에 전출 또는 출장이 있거나 비상출동 또는 기동훈련에 참가하거

나 휴가를 받을 자에게 지급하는 급여

6. 국가 및 지방자치단체와 다른 공기업·준정부기관에 지급하는 경비
7. 외국에서 연구 또는 조사에 종사하는 자에게 지급하는 경비
8. 교통이 불편한 장소에서 근무하는 자 또는 선박승무원에게 지급하는 급여와 금융회사 등의 예금계좌를 통하여 급여를 지급하기 위하여 금융회사 등에 입금하는 급여
9. 업무 등의 위탁에 필요한 경비
10. 보조금 또는 부담금
11. 사례금
12. 공기업·준정부기관이 매수하거나 수용하는 토지 또는 그 토지상에 있는 물건의 대금·보상금 또는 이전료
13. 계약금액이 3천만원 이상인 공사 또는 제조와 계약금액이 500만원 이상인 용역의 경우 계약금액의 100분의 70을 초과하지 아니하는 금액
14. 공기업·준정부기관이 초청한 외국인에게 국내에서 지급하는 경비

③ 제2항 제8호에 따라 금융회사 등의 예금계좌를 통하여 급여를 지급하기 위하여 금융회사 등으로 입금하는 급여는 급여지급일 전 3일 이내에 할 수 있다. 〈개정 2010. 12. 20.〉

④ 제2항 제13호에 따른 경비를 미리 지급할 때에는 계약체결 후 계약상대자의 청구를 받은 날부터 14일 이내에 지급하여야 한다. 다만, 불가피한 사유로 지급이 불가능하여 그 사유를 계약상대자에게 문서로써 통지한 경우에는 그러하지 아니하다.

제9조(개산급의 지급) ① 기관장은 운임, 용선료, 여비, 공사·제조·용역계약 등의 대가로서 그 성질상 개괄적인 계산으로 지급하지 아니하면 사무 또는 사업에 지장을 줄 우려가 있는 경우에는 이를 개괄적으로 계산하여 지급할 수 있다.

② 제1항에 따라 개괄적으로 계산하여 지급할 수 있는 경비는 다음 각 호와 같다.

1. 여비, 업무추진비 또는 사무소운영비
2. 국가에 지급하는 경비
3. 보조금 또는 부담금
4. 「산업재해보상보험법」에 따라 지급하는 요양비
5. 재해구호 및 복구에 드는 경비

제10조(채권의 대손처리) ① 기관장은 다음 각 호의 어느 하나에 해당하는 경우에는 소멸시효가 완성되기 전이라도 해당 채권을 대손(貸損)처리하여야 한다.

1. 채무자인 법인이 해산하거나 그 사업을 중지하여 재개(再開)의 가능성이 없다고 판단되는 경우에 강제집행에 드는 비용과 다른 우선변제채권의 합계액이 압류할 수 있는 재산의 가액을 초과하는 경우
2. 채무자인 법인에 대하여 가지는 채권이 「채무자 회생 및 파산에 관한 법률」에 따른 회생계획인가의 결정 또는 파산선고에 따라 회수불능으로 확정된 경우
3. 채무자가 사망한 경우에 강제집행에 드는 비용과 다른 우선변제채권의 합계액이 그 상속재산의 가액을 초과하는 경우
4. 추심에 드는 비용이 채권액을 초과하는 경우

② 연대채무자 또는 보증인 등 채무를 이행하여야 할 자가 따로 있는 경우에는 제1항 제1호부터 제3호까지를 적용하지 아니한다.

제11조(대손충당금의 적립) 기관장은 외상매출금, 받을 어음, 미수금 및 미수수익과 이와 비슷한 채권, 장기성매출채권 등에 대하여 대손충당금을 적립하여야 한다. 이 경우 대손추산액을 산정할 때에 채무자가 국가·지방자치단체인 채권액은 제외한다.

제12조(구분회계) ① 기관장은 각 공기업·준정부기관의 설립에 관한 법률, 그 밖의 법령에서 회계단위를 구분하도록 정한 경우에는 재원의 원천 또는 목적사업별 등으로 구분하여 회계처리하고, 구분회계 사이의 내부거래 및 미실현손익을 제거한 후 이를 통합한 결산서를 작성하여야 한다. 이 경우 구분된 회계단위별 경영성과 및 재무현황을 주석으로 기재한다.

② 공기업·준정부기관이 관리·운용하는 기금에 대하여 공기업·준정부기관은 관계법령에서 정하는 바에 따라 따로 결산서를 작성하여야 한다. 이 경우 기금의 결산서는 제1항에 따른 통합 결산서 작성 대상에서 제외한다.

③ 기관장은 회계를 총괄하기 위하여 본사에 총괄회계부서를 두고, 본사와 지점 사이의 거래는 본사·지점계정으로 회계처리한다.

제13조(결산의 수행) ① 기관장은 회계연도가 끝난 후 지체 없이 그 회계연도의 결산서를 작성하여야 한다.

② 기관장은 결산을 할 때 해당 회계연도의 경영성과와 재무상태를 명확하게 표시할 수 있도록 하여야 한다.

③ 공기업·준정부기관의 회계단위는 총계정원장의 설치부서로 한다.

④ 결산은 각 회계단위별로 실시하고 본사의 총괄회계단위에서 총괄하여 결산서를 작성한다.

제14조(결산서 제출) ① 법 제43조 제2항 제2호에 따른 그 밖에 결산의 내용을 명확하게 하기 위하여 필요한 서류는 다음 각 호의 서류로 한다. 〈개정 2010. 12. 20.〉

1. 결산총평
2. 사업실적분석보고서
3. 예비비사용 및 예산전용 명세서
4. 그 밖에 결산의 내용을 명확하게 하기 위하여 필요한 서류로서 기획재정부장관이 정하는 서류

② 공기업·준정부기관은 법 제43조 제2항에 따라 확정한 결산서를 확정한 날부터 10일 이내에 기획재정부장관에게 제출하여야 한다. 다만, 법 제43조 제2항에 따라 기획재정부장관에게 결산서를 제출하여 승인을 받은 공기업은 제외한다. 〈개정 2010. 12. 20.〉

③ 기획재정부장관 및 주무기관의 장은 법 제43조 제2항에 따라 제출받은 결산서에 대하여 공인회계사나 회계법인의 감사의견을 고려하여 그 적정성을 검토하고 회계의 투명성 및 신뢰성을 확보하기 위하여 필요하다고 인정되면 해당 기관장에게 수정을 요구할 수 있다. 이 경우 기관장은 정당한 사유가 없는 한 이에 응하여야 한다. 〈개정 2010. 12. 20.〉

제15조(결산총평) 결산총평은 결산서의 내용을 요약하고 결산결과를 분석함으로써 공기업·준정부기관의 재무상태 및 경영성과의 결과에 관하여 종합적인 평가정보가 제공될 수 있도록 다음 각 호의 사항이 포함되어야 한다. 〈개정 2010. 12. 20.〉

1. 공기업·준정부기관의 조직구조와 경영목표
2. 재무상태 및 경영성과에 대한 분석·평가
3. 재무제표 또는 연결재무제표가 이 규칙에 따라 적정하게 작성되었는지에 관한 사항
4. 결산이 신뢰성 있게 작성되었는지에 관한 사항
5. 그 밖에 기획재정부장관이 정하는 서류

제16조(재무제표 및 연결재무제표와 그 부속서류) ① 재무제표는 재무상태표, 손익계산서 또는 포괄손익계산서, 현금흐름표, 자본변동표 및 주석(이익잉여금처분계

산서 또는 결손금처리계산서를 포함한다)으로 한다.

② 연결재무제표는 연결재무상태표, 연결손익계산서 또는 연결포괄손익계산서, 연결현금흐름표, 연결자본변동표 및 주석(註釋, 이익잉여금처분계산서 또는 결손금처리계산서를 포함한다)으로 한다.

③ 제2항에 따른 연결재무제표의 작성자와 작성범위 등에 관하여는 「주식회사의 외부감사에 관한 법률」 제1조의2제2호를 준용한다.

④ 제1항과 제2항에 따른 재무제표와 연결재무제표의 부속서류의 종류·서식 및 작성방법 등은 기획재정부장관이 정한다.

[전문개정 2010. 12. 20.]

제17조 삭제 〈2010. 12. 20.〉

제18조(정보통신매체 등을 통한 결산서 제출) ① 기획재정부장관은 공기업·준정부기관의 회계처리와 결산서의 원활한 제출 및 재무상태 분석 등을 위하여 정보통신매체 및 프로그램 등을 개발하여 사용하게 할 수 있다. 〈개정 2010. 12. 20.〉

② 기관장은 법 제43조 제2항에 따른 결산서를 정보통신매체 및 프로그램을 이용하여 전송하는 방법으로 제출할 수 있다. 〈개정 2010. 12. 20.〉

제19조(세부 처리기준) ① 이 규칙의 시행에 필요한 사항은 기획재정부장관이 정하여 고시한다. 〈개정 2010. 12. 20.〉

② 기관장은 제1항에 따라 기획재정부장관이 정하여 고시한 범위에서 이 규칙의 시행에 필요한 세부 사항을 정할 수 있다. 〈개정 2010. 12. 20.〉

제20조(국가회계제도심의위원회의 심의) 「국가회계법」에 따른 국가회계제도심의위원회는 기획재정부장관의 자문에 응하여 국가와 공기업·준정부기관의 회계제도의 연계에 관한 사항을 심의 할 수 있다. 〈개정 2010. 12. 20.〉

제21조(내부통제) ① 기관장은 회계처리의 적정 여부와 재무제표의 신뢰성을 평가하기 위하여 내부통제를 하여야 한다.

② 기관장은 제1항에 따른 내부통제를 하기 위하여 내부통제책임자를 임명하여야 하며, 내부통제를 위하여 필요한 절차와 방법을 정하여야 한다.

③ 기관장은 직원의 정원 또는 자산의 규모 등을 고려하여 불가피한 경우에는 내부통제책임자와 회계책임자를 겸직하게 할 수 있다.

제22조(회계교육의 실시) 기획재정부장관은 법 제39조 및 제43조에 따른 공기업·준정부기관의 회계 및 결산업무와 관련하여 회계관계직원의 업무전문성 등을 향상

시키기 위하여 교육을 실시할 수 있다. 〈개정 2010. 12. 20.〉

부칙 〈제177호, 2010. 12. 20.〉

제1조(시행일) 이 규칙은 2011년 1월 1일부터 시행한다.

제2조(준정부기관의 회계처리기준에 관한 특례) 준정부기관의 2011회계연도분 및 2012회계연도분 회계처리에 대해서는 제2조 제5항의 개정규정에도 불구하고「주식회사의 외부감사에 관한 법률」제13조 제1항 제2호의 회계처리기준에 따른다.

제3조(회계처리기준 등에 관한 경과조치) 2010회계연도분에 대한 결산에 대해서는 제2조 제5항, 제15조 제3호, 제16조 및 제17조의 개정규정에도 불구하고 종전의 규정에 따른다.

공기업·준정부기관 회계기준

[시행 2015. 12. 9] [기획재정부고시 제2015-25호, 2015. 12. 9, 일부개정]

제1장 총 칙

제1조(목적) 이 기준은「공기업·준정부기관 회계사무규칙」(이하 "규칙"이라 한다) 제19조 제1항에 따라 공기업·준정부기관의 회계처리원칙 등과 관련한 세부사항을 정함을 목적으로 한다.

제2조(재무제표 등의 작성원칙) 재무제표 또는 연결재무제표는 다음 각 호의 원칙에 따라 작성한다.

1. 재무제표 또는 연결재무제표는 당해 회계연도 분과 직전 회계연도분을 비교하는 형식으로 작성한다.
2. 비교식으로 작성되는 양 회계연도의 재무제표 또는 연결재무제표는 계속성의 원칙에 따라 작성하여야 한다.
3. 계정과목은 중요성의 원칙에 따라 설정하고 명료성, 계속성, 비교가능성이 유지되어야 하며 정당한 사유 없이 이를 변경할 수 없다.
4. 재무제표 또는 연결재무제표의 과목은 해당항목의 중요성에 따라 별도의 과목으로 표시하거나 다른 과목과 신설, 통·폐합할 수 있다. 이 경우 제3호를 준용

한다.

② 연결재무제표 작성대상인 종속회사의 재무제표는 규칙 및 이 기준에 따라 작성하여야 한다.

③ 재무제표 및 연결재무제표와 부속명세서의 서식, 계정과목의 설정 및 분류는 기획재정부장관이 따로 정한다.

제3조(내부통제) 기관장은 규칙 제21조에서 규정한 내부통제를 위하여 다음 각 호의 사항이 포함되도록 필요한 절차와 방법을 갖추어야 한다.

1. 회계정보의 식별·측정·분류·기록 및 보고방법에 관한 사항
2. 회계정보의 오류 통제 및 부정 방지 사항
3. 회계정보의 주기적 점검 및 조정 등 내부검증에 관한 사항
4. 회계장부(자기테이프·디스켓 그 밖의 정보보존장치를 포함한다)의 관리방법과 위조·변조·훼손 및 파기의 방지 방안
5. 임·직원의 업무분장과 책임에 관한 사항
6. 그 밖에 신뢰성 있는 회계정보의 작성 및 보고를 위하여 필요한 사항

제4조(회계관계업무의 위임) ① 기관장은 회계업무를 수행하기 위하여 필요하다고 인정하는 때에는 회계에 관한 사무를 그 소속직원에게 위임할 수 있다.

② 제1항에 따른 회계에 관한 사무의 위임은 기관장이 그 소속부서에 설치된 직을 지정함으로써 이에 갈음할 수 있다.

제5조(회계관계직의 임면통보) 회계관계직의 임면이 있는 때에는 거래점 등 관계기관에 그 사실을 즉시 통보하고 필요한 조치를 취하여야 한다.

제6조(회계관계직원의 책임) ① 회계관계직원은 법령 기타 관계 규정이 정하는 바에 따라 성실하게 그 직분에 따른 회계처리를 하여야 한다.

② 회계관계직원의 책임에 관하여는 「회계관계직원 등의 책임에 관한 법률」이 정하는 바에 따른다.

제7조(회계관계직원의 재정보증) ① 회계관계직원은 재정보증 없이는 그 직무를 담당하게 할 수 없다.

② 제1항의 회계관계직원의 범위 및 기타 재정보증에 관하여 필요한 사항은 세부기준으로 정하되 상임이사는 위임전결규정이 정하는 바에 따라 회계관계직원으로 본다.

제8조(회계관계직원의 직인사용등) ① 규칙 제5조에 따른 회계책임자는 회계업무를

처리함에 있어서 그 업무 또는 직무를 표시하는 인장(이하 직인이라 한다)을 사용할 수 있다.

② 직인의 비치, 규격, 내용, 보관, 관리, 대장관리 기타 직인의 사용절차 등에 관한 사항은 기관장이 정한다.

제9조(회계서류의 보관 등) ① 회계서류의 보관, 열람, 보존, 편철, 대출 및 복사에 관하여는 기관장이 정한다.

② 제1항에 따른 회계서류의 보존기간은 「공공기관의 기록물 관리에 관한 법률 시행규칙」에 정한 바를 준용한다.

제10조(세부기준 및 결산지침) ① 기관장은 규칙 및 이 기준의 시행에 필요한 사항을 세부기준으로 정하여 시행한다.

② 기관장은 기획재정부장관이 시달한 결산지침을 기준으로 다음 각 호의 사항을 포함한 자체결산지침을 작성하여 결산일 15일전까지 각 회계단위에 시달하여야 한다.

1. 회계단위별 결산일정
2. 결산에 관한 기준과 원칙 및 제 규정
3. 결산정리에 관련되는 사항
4. 기타 결산에 필요한 사항

제2장 회계장표

제11조(거래의 처리) 모든 거래는 전표에 따라 처리하여야 한다.

제12조(장표의 양식) 장표의 양식과 규격은 세부기준으로 정한다.

제13조(전산화에 따른 회계장표의 생략) ① 회계업무의 전산화에 따라 이 장에 의한 장표의 비치 등을 생략할 수 있다.

② 제1항에 따라 장표의 비치를 생략한 경우에도 감독기관이나 이해관계자의 요구가 있으면 회계장표와 동일한 대용장표를 신속히 제공할 수 있는 필요한 조치를 취하여야 한다.

③ 제1항에 따라 생략할 수 있는 장표의 종류는 세부기준으로 정한다.

제14조(전표의 내용) ① 전표에는 계정과목을 표시하여야 한다.

② 전표의 합계금액은 이를 정정하지 못한다.

제15조(전표의 대용) 결의서 또는 증거서류는 전표로 대용할 수 있으며 전표의 대용

범위는 세부기준으로 정한다. 이 경우 결의서 및 증빙서의 서식에는 전표의 기능이 포함되어야 한다.

제16조(회계장부의 종류) ① 회계장부는 주요부와 보조부로 구분한다.

② 주요부는 분개장과 총계정원장으로 하고 보조부는 각 계정원장 및 명세장으로 한다. 다만, 전표 및 일계표를 일자순으로 철하여 분개장에 갈음할 수 있다.

제17조(기장사무의 분리) ① 주요부와 보조부는 그 기장사무의 담당자를 달리하여야 한다.

② 장부의 기장사무와 현금출납사무 또는 물품출납사무는 그 담당자를 달리하여야 한다.

③ 제1항 및 제2항의 경우 회계단위의 규모, 업무의 성질에 따라서 예외로 할 수 있다.

제18조(장부의 기재요령) 장부의 기입, 마감, 폐쇄, 갱신, 이월, 오기정정, 검열요령 등에 관하여는 세부기준으로 정한다.

제19조(증빙서류의 범위) ① 증빙서류는 거래사실의 경위를 입증하며 기장의 증거가 되는 서류로서 그 범위는 이 기준 제21조 각 호의 서류를 말한다.

② 제1항에 따라 정하지 아니한 증빙서라 할지라도 특히 필요하다고 인정되는 경우에는 이를 증빙서류로 첨부하여야 한다.

③ 증빙서류의 부기증명을 요하는 사항은 관계증빙서류의 여백에 주기하고 날인한다.

④ 증빙서는 원본으로 구비하여야 한다. 다만, 원본에 따르기 곤란한 경우에는 그 사본으로 갈음하고, 원본대조자가 이에 확인표시를 하여야 한다.

제20조(증빙서류의 생략) ① 오기정정 또는 결산시 계정간 대체 등과 같이 단순히 계산적 조작의 필요에 따라 발생한 준거래에 있어서는 그 전표로써 증빙서에 갈음할 수 있다. 이 경우에는 전표의 적요란에 그 사유 및 산출 내역을 기재하여야 한다.

② 급여대장, 인부사역부 등 지출에 필요한 증빙서류를 첨부하기 곤란한 경우에는 지출결의서의 적요란에 대조필로써 갈음할 수 있다.

제21조(증빙서류의 작성) 증빙서류는 다음 각 호에 따라여 작성하여야 한다.

1. 지출결의서

   가. 지출결의서의 지출금액은 정정하지 못한다.

나. 적요란에는 지급의 뜻, 공사명, 품명 및 수량, 산출내역, 부분급 내용과 지급회수, 선급금 및 개산금의 표시 등 필요한 사항을 명기하여야 한다.

2. 영수증서

가. 정당한 채권자가 지출결의서의 영수란에 기명날인 또는 채권자 및 지출금액을 명백히 한 사유서, 이 경우에 채권자가 사업자인 경우에는 「부가가치세법」 제 16조에 따른 세금계산서 또는 「소득세법」 제163조에 따른 계산서, 「여신전문금융업법」에 따른 신용카드의 매출전표

나. 채권자 또는 채권자가 지명하는 자가 지정하는 예금계좌 또는 우편대체계좌에 입금함으로써 지급하는 경우에는 금융기관이 발행하는 입금증명 또는 체신관서가 발행하는 영수증을 가목에 따른 영수증서로 본다.

다. 신용카드를 사용하는 사업체에 지급하는 접대성경비는 원칙적으로 신용카드를 사용하여야 하며 카드이용대금의 결제에 따른 영수증서는 위 나목에 따른 경우와 같다.

3. 청구서

가. 청구서의 합계금액은 정정하지 못한다.

나. 청구서의 명세는 계약서 등 다른 관계서류의 명세와 일치하여야 한다.

4. 계약서

가. 계약서의 합계금액은 정정하지 못한다.

나. 계약서와 그 부속서류는 그 내용이 서로 부합되어야 한다.

5. 기타 증빙서류

기타 증빙서류 및 그 작성에 관하여 필요한 사항은 세부기준으로 정한다.

제3장 금전회계

제22조(금전출납의 범위) ① 금전은 현금, 예금, 수표 및 우편환증서를 말한다.

② 당일로 현금화 할 수 있는 어음과 기타 유가증권 등 제 증서도 금전에 준하여 처리한다.

제23조(금전수납사무의 대행) 기관장은 금융기관 또는 체신관서를 지정하여 금전의 수납에 관한 사무를 대행하게 할 수 있다.

제24조(출납마감) ① 출납의 마감시간은 업무종료 전 일정한 시간을 정하여 공시하여야 한다.

② 출납 마감 후에는 원칙적으로 출납을 하지 아니한다. 다만, 부득이한 경우에는 기관장이 정하는 바에 따라 취급할 수 있다.

제25조(현금보관의 금지) ① 전도금의 지급잔액과 마감 후의 수입현금을 제외하고는 현금을 보관하여서는 아니된다.

② 제1항의 규정에도 불구하고 공기업·준정부기관의 업무특성으로 인하여 부득이한 경우에는 현금보관에 관한 사항을 세부기준으로 정하여 운용할 수 있다.

제26조(금전의 과부족처리) ① 금전의 부족을 발견하였을 때에는 가지급으로 처리하고 그 원인을 조사하여야 한다.

② 제1항의 가지급 처리 후 1월이 경과하여도 그 원인을 발견하지 못한 때에는 취급자가 즉시 변상조치를 하여야 한다.

③ 금전의 과여를 발견하였을 때에는 가수금으로 처리하고 그 원인을 조사하여야 한다.

④ 제3항의 가수금 처리 후 3월이 경과하여도 그 내용이 판명되지 아니한 때에는 영업외수익으로 처리한다.

제27조(수표 및 어음행위) 수표 및 어음의 금액은 정정할 수 없다.

제28조(수입사무의 분리) 납입의 고지 등 징수결정을 하는 징수사무의 담당자와 징수결정액을 수납하는 수납사무의 담당자를 달리하여야 한다.

제29조(수입금의 징수) 수입금을 징수 결정하고자 할 때에는 수입결의서에 따라야 하며 납입의무자에게 납입고지서를 발부하여야 한다. 다만, 다음 각 호의 경우에는 수입결의서 및 납입고지서에 따르지 아니하고 수납할 수 있다.

1. 위약금 및 해약금
2. 변상금
3. 과태료
4. 반납금
5. 이자수입 및 배당수입
6. 기타 관계법령 및 계약 등에 의한 확정수입

제30조(수입금의 수납) ① 기관장은 수입금을 수납하는 경우에는 현금·체신관서 또는 「은행법」의 적용을 받는 금융기관이 발행한 자기앞수표·국고수표에 따라 수납하도록 하여야 한다. 다만, 기관장이 따로 정하는 경우에는 그러하지 아니하다.

② 기관장은 납입기한이 정하여진 수입금을 납입 고지하는 때에는 납입개시 5일

전에 납입고지서를 발행하여야 한다.

③ 납입고지서의 납입기한은 특별한 사유가 있는 경우를 제외하고는 고지일 부터 15일 이내로 한다. 이 경우 납입기한이 공휴일에 해당하는 때에는 그 공휴일의 다음날을 납입기한으로 한다.

④ 납입기한이 경과하여도 납입하지 아니하는 납입의무자에 대하여는 납입기한 경과 후 7일 이내에 독촉장을 발부하여야 한다. 다만, 기관장이 따로 정하는 경우에는 그러하지 아니하다.

제31조(과오납금처리) 수입금이 과오납된 사실을 확인하였을 때에는 지체없이 수입금에서 환급조치를 취하여야 한다.

제32조(장기미납금의 처리) 수차례의 독촉장을 발부한 후에도 수입금이 납부되지 아니한 경우에는 체납자 또는 재정보증인의 재산상황을 조사하여 제소 등 필요한 조치를 취하여야 한다. 다만, 시효가 완성되었거나 규칙 제10조 제1항의 규정에 해당되는 경우에는 그러하지 아니하다.

제33조(지출원인행위의 준칙) 지출원인행위는 배정된 예산범위내에서 하여야 한다.

제34조(지출원인행위결의서의 작성) ① 지출원인행위를 할 때에는 지출원인행위결의서를 작성하여야 한다. 다만, 지출원인행위결의서에 따르기 곤란한 경우에는 내부결재문서로서 이에 갈음할 수 있다.

② 비용예산중 다음 각 호의 경비는 지출원인행위결의서 작성을 생략할 수 있다.

1. 공공요금, 제세공과금, 인건비, 여비, 협회비
2. 법령, 규정 등 일정한 기준에 의한 경비
3. 기타 정례적인 확정경비

제35조(지출원인행위의 증감취소) 지출원인행위자는 계약의 해제, 계약금액의 변경 등으로 인하여 그 지출원인행위액을 취소하거나 증감하고자 할 때에는 당초의 지출원인행위를 소급하여 취소 또는 정정하지 아니하고 따로 지출원인행위 취소결의서 또는 지출원인행위 증감결의서를 작성하여야 한다.

제36조(일상경비) ① 규칙 제7조에 따른 일상경비를 지급한 때에는 가지급금으로 처리하고 일상경비 취급담당의 정산보고에 따라 가지급금을 정리하여야 한다.

② 일상경비 취급담당은 지급 받은 일상경비에 대하여 특별히 정한 경우를 제외하고는 지출담당에 준하여 그 업무를 처리하여야 한다.

③ 일상경비 취급담당은 매월말까지 전도금 정산보고서를 관계증빙서와 같이 지

출담당에게 제출하여야 한다. 다만, 기관장은 회계처리에 지장이 없다고 인정되는 경우 전도금정산보고서 제출기한을 공기업·준정부기관의 실정에 맞게 따로 세부기준으로 정하여 운영할 수 있다.

제37조(선급금 및 개산금의 지급) 지출담당은 선급금 및 개산급의 지급에 따른 업무가 완료되면 지체없이 정산하고, 선급과 개산급을 정리하여야 한다.

제38조(잔액조회) 지출담당은 매월말에 거래점의 잔액증명을 받아 예금원장과 대조하여야 한다.

제4장 회 계

제39조(재무상태표 등) ① 재무상태표 또는 연결재무상태표(이하 "재무상태표 등"이라 한다)는 공기업·준정부기관의 재무상태를 명확히 보고하기 위하여 보고기간 종료일(재무상태표 작성 기준일을 말한다. 이하 같다) 현재의 자산, 부채 및 자본을 적정하게 표시하여야 한다.

제40조(재무상태표 등의 작성기준) ① 재무상태표 등은 자산, 부채 및 자본으로 구분한다.

② 자산과 부채는 유동성의 정도에 따라 항목을 구분하여 작성한다. 유동성이란 현금으로 전환되기 용이한 정도를 말한다.

③ 자산, 부채 및 자본은 총액에 따라 기재함을 원칙으로 하고, 자산의 항목과 부채 또는 자본의 항목을 상계함으로써 그 전부 또는 일부를 재무상태표 등에서 제외하여서는 아니된다.

제41조(자산의 분류) ① 자산은 유동자산과 비유동자산으로 구분하며, 유동자산은 공기업·준정부기관이 정상영업주기 내에 실현될 것으로 예상하거나 정상영업주기 내에 판매하거나 소비할 의도가 있는 자산, 주로 단기매매목적으로 보유하는 자산, 보고기간 종료일로부터 1년 이내에 실현될 것으로 예상하는 자산 및 현금이나 현금성자산으로서 사용에 대한 제한 기간이 보고기간 종료일로부터 1년 이상이 아닌 자산을 말한다. 다만, 유동자산으로 분류한 금액 중 1년 이내에 실현되지 않을 금액은 주석으로 기재한다.

② 공기업·준정부기관 중 금융업을 영위하는 기관의 경우 유동자산과 비유동자산으로 구분하지 않고 유동성 순서에 따라 표시할 수 있다.

제42조(부채의 분류) ① 부채는 유동부채와 비유동부채로 구분하며, 유동부채는 정

상영업주기 내에 결제될 것으로 예상하는 부채, 주로 단기매매목적으로 보유하는 부채, 보고기간 종료일로부터 1년 이내에 결제하기로 되어 있는 부채 및 보고기간 종료일로부터 1년 이상 부채의 결제를 연기할 수 있는 무조건의 권리를 가지고 있지 않는 부채를 말한다.

② 공기업·준정부기관 중 금융업을 영위하는 기관의 경우 유동부채와 비유동부채로 구분하지 않고 유동성 순서에 따라 표시할 수 있다.

제43조(자본의 분류) ① 자본은 납입자본, 이익잉여금(또는 결손금) 및 기타자본구성요소 등으로 구분하여 표시하고 비지배지분을 별도로 표시한다.

② 납입자본은 자본금과 기본재산, 주식발행초과금 등을 말한다. 이중 자본금은 정부지분자본금과 비정부지분자본금을 말하며 기본재산은 설립시 기본재산으로 출연한 재산 또는 이익잉여금 중 총회 또는 이사회에서 기본재산으로 편입할 것을 의결한 재산을 말한다.

③ 이익잉여금(또는 결손금)은 이익준비금, 기타법정적립금, 임의적립금, 미처분이익잉여금(미처리결손금)을 말한다.

④ 기타자본구성요소는 기타자본잉여금, 기타포괄손익누계액, 자기주식 등을 포함한다.

제44조(정부보조금 등의 처리) 공기업·준정부기관이 정부 또는 지방자치단체(이하 '정부 등'이라 한다)로부터 국고보조금 및 출연금 등 정부보조금과 제48조의 위탁사업비(이하 '정부보조금 등'이라 한다)를 받는 경우 다음 각 호에 따라 처리한다.

1. 정부보조금 등으로 취득한 자산은 다음 각 목의 형식 중 하나만 선택하여 표시하여야 하며, 복수의 형식을 사용하여 표시할 수 없다.
   가. 취득자산에서 차감하는 형식
   나. 부채로 표시하는 형식
2. 정부보조금 등으로 취득한 자산에 관한 손익은 다음 각 목에 따라 인식한다.
   가. 제 1호 가목에 따라 표시한 경우 : 해당 자산의 내용연수에 걸쳐 상각금액과 상계하는 방식
   나. 제 1호 나목에 따라 표시한 경우 : 해당 자산의 내용연수에 걸쳐 상각금액만큼 당기손익으로 인식하는 방식.
3. 정부보조금 등으로 취득한 자산을 처분하는 경우에는 처분한 금액 중 해당 자산의 취득에 사용한 정부보조금 등의 잔액을 처분손익에 합산한다.

4. 다음 각 호 중 하나에 해당하는 경우에는 정부 등으로부터 받은 금액을 수익으로 인식하고 관련 비용과 상계하지 않는다.

   가. 정부가 위탁한 사업 또는 관계법령 등에서 정한 목적을 수행하기 위하여 정부보조금 등을 받는 경우

   나. 정부 정책에 따라 정부가 해당 사업의 비용 또는 손실을 보상하는 경우

제44조의2(잔여 정부보조금 등의 처리) 공기업·준정부기관이 정부 등 제3자로부터 받은 정부보조금 등이 다음 각 호의 하나에 해당되면서 비용으로 인식되지 않은 경우에는 제44조 제1호에서 선택한 방식으로 표시한다.

가. 회계기간 내에 집행되지 않은 금액

나. 집행된 후 잔액

제44조의3(위탁자산의 처리) 공기업·준정부기관이 정부 등 제3자로부터 관리·처분 등의 목적으로 위탁받은 자산은 제44조 제1호에서 선택한 방식으로 표시한다.

제45조(손익계산서 등) 손익계산서 또는 포괄손익계산서와 연결손익계산서 또는 연결포괄손익계산서(이하 "손익계산서 등"이라 한다)는 공기업·준정부기관의 경영성과를 명확히 보고하기 위하여 그 회계기간에 속하는 모든 수익과 이에 대응하는 모든 비용 및 총포괄손익을 적정하게 표시하여야 한다.

제46조(손익계산서 등의 작성기준) 모든 수익과 비용은 그것이 발생한 기간에 정당하게 배분되도록 처리하여야 한다.

제47조(손익계산서 등의 기본구조) 손익계산서 등은 공기업·준정부기관의 당기 경영성과를 명확히 이해할 수 있도록 구분하여 표시하여야 한다.

제48조(위탁사업비의 인식) 정부 또는 지방자치단체가 직접 추진하여야 할 사업을 법령의 규정에 따라 공기업·준정부기관에게 위탁 또는 대행한 경우, 공기업·준정부기관이 지급받은 사업비 등은 집행하는 시점에 발생되는 비용과 대응하여 사업수익으로 인식한다.

제49조(사내근로복지기금 출연금) 공기업·준정부기관이 「사내근로복지기금법」에 따라 사내근로복지기금에 출연한 출연금은 영업비용으로 인식한다.

제50조(고유목적사업준비금) ① 공기업·준정부기관의 수익사업 중 법인세법상 과세대상 수익에 대하여는 고유목적사업준비금을 적립할 수 있다.

② 공기업·준정부기관이 적립 또는 환입하는 고유목적사업준비금은 이익잉여금처분계산서상의 처분으로 한다. 다만, 다른 법령의 특별한 규정이 있는 경우는 비

용 또는 수익으로 계상할 수 있다.

제51조(현금흐름표 등) 현금흐름표 또는 연결현금흐름표(이하 "현금흐름표 등"이라 한다)는 공기업·준정부기관의 현금흐름을 나타내는 표로서 현금의 변동내용을 명확하게 보고하기 위하여 당해 회계기간에 속하는 현금의 유입과 유출내용을 적정하게 표시하여야 한다.

제52조(현금흐름표 등의 구분표시) 현금흐름표 등은 영업활동으로 인한 현금흐름, 투자활동으로 인한 현금흐름, 재무활동으로 인한 현금흐름으로 구분하여 표시하고, 이에 외화로 표시된 현금의 환율변동 효과와 기초의 현금을 가산하여 기말의 현금을 산출하는 형식으로 표시한다.

제53조(자본변동표 등) 자본변동표 또는 연결자본변동표(이하 "자본변동표 등"이라 한다)는 자본의 크기와 그 변동에 관한 정보를 제공하는 재무보고서로서, 공기업·준정부기관의 자본의 변동에 대한 포괄적인 정보를 제공하여야 한다.

제54조(자본변동표 등의 구분) ① 공기업·준정부기관의 자본변동표 등은 납입자본, 이익잉여금(또는 결손금) 및 기타자본구성요소 등의 각 항목별로 기초잔액, 변동사항, 기말잔액을 표시한다.

제55조(결산총평) 규칙 제15조에 따른 결산총평은 다음 각 호의 사항을 포함하여야 한다.

1. 공기업·준정부기관의 조직구조와 주요업무
2. 공기업·준정부기관의 경영목표와 결과
3. 당해 회계연도의 경영상태 요약 및 직전 회계연도 요약
4. 수익·비용·시설투자·장기부채 등 주요 항목에 대한 비교분석
5. 재무제표가 규칙 및 이 기준에 따라 적정하게 작성되었는지에 관한 사항
6. 결산이 신뢰성있게 작성되었는지에 관한 사항
7. 기타 공기업·준정부기관 경영 전반에 관한 객관적 평가·분석

제56조(주석) ① 주석은 재무제표의 일부분으로서 정보이용자에게 충분한 회계정보를 제공하기 위하여 채택한 주요한 회계정책 및 과목의 세부내역과 재무제표에 중대한 영향을 미치는 사항을 설명한 것을 말한다.

② 공기업·준정부기관이 다른 법령의 특별한 규정에 따라 규칙이나 이 기준과 다르게 적용한 경우에는 그 차이 내역, 순자산 및 당기손익에 미치는 영향을 주석으로 기재한다.

제57조(이익잉여금처분계산서의 주석) ① 이익잉여금처분계산서는 이익잉여금의 처분사항을 명확히 보고하기 위하여 이월이익잉여금의 총변동사항을 주석으로 공시하여야 한다.

② 결손금처리계산서는 결손금의 처리사항을 명확히 보고하기 위하여 이월결손금의 총변동사항을 주석으로 공시하여야 한다.

제58조(부속명세서) ① 부속명세서는 재무제표에 표시된 과목에 대한 세부내역을 명시할 필요가 있을 때 추가적인 정보를 제공하기 위한 것을 말한다.

② 공기업·준정부기관의 작성하여야 할 부속명세서의 종류와 서식은 기획재정부장관이 따로 정한다.

제59조(기자재취득을 위한 사전검토) 기관장은 개당 취득가격(임차의 경우에는 월임차료를 말한다)이 미화 5천불이상이거나 품목별 1회 취득 총가격이 미화 5만불이상의 외국산기기 및 장비(이하 "기자재"라 한다)를 취득(임차를 포함한다)하고자 하는 경우에는 규격의 적정성, 운용대책, 국산대체여부 및 경쟁성 유무 등에 관하여 사전검토를 하여야 한다. 다만, 다음 각 호의 어느 하나에 해당하는 기자재의 경우에는 그러하지 아니하다.

1. 차관협정에 따라 제작자가 특별히 지정된 기자재
2. 플랜트 건설에 직접 사용되는 기자재
3. 사용중인 기자재를 유지 보수하기 위하여 취득하는 물품
4. 「공기업·준정부기관 계약사무규칙」 제4조 제1항 본문에 따라 구매하는 경우

제60조(유형자산의 처분결정) 유형자산을 처분하고자 할 때에는 당해 유형자산에 대하여 불용 결정을 하여야 한다.

제61조(권리보존) 유형자산은 그 권리보존을 위하여 당해 자산의 관리담당이 소유권 기타의 권리에 대하여 등기·인증 등 필요한 절차를 취하여야 한다.

제62조(보험의 가입) 유형자산에 대하여는 보험에 가입하여야 한다. 다만, 토지 또는 기관장이 보험에 가입할 필요가 없다고 인정하는 유형자산은 그러하지 아니할 수 있다.

제63조(자본금의 전입 및 감자) ① 잉여금의 전부 또는 일부를 자본금으로 전입하거나, 자본금을 감자하는 경우에는 기획재정부장관과 협의하여야 한다.

② 제1항에 따른 전입 및 감자 절차는 다른 법령에 특별한 규정이 있는 경우 외에는 「상법」의 주식회사편을 준용한다.

제64조(결산정리) ① 결산에 앞서 자산·부채 및 자본과 손익에 관련되는 항목 중 결산에 필요한 사항을 정리하여야 한다.

② 결산 시에는 연도이월이 불가피한 사항을 제외하고는 모든 미결산계정을 정리하여야 한다.

③ 회계단위간의 거래는 내부이익을 공제하고 미달거래를 정리하여 결산을 실시한다.

제65조(불확정채권·채무의 정리) 불확정채권은 귀속의 사유가 확정되지 아니하는 한 계상하지 아니하고, 불확정채무는 면책의 사유가 확정되지 아니하는 한 계상하여야 한다.

제66조(장부의 마감 및 이월) ① 결산정리후의 총계정원장에 따라 시산표를 작성하고 제 장부를 마감한다.

② 결산정리후의 총계정원장의 각 잔액은 신 장부에 이월한다.

제67조(미처분이익잉여금의 처분) 미처분이익잉여금은 다음의 순서에 따라 처분한다. 다만, 관계법령에 따로 규정된 경우에는 그러하지 아니하다.

1. 이익준비금
2. 기타의 법정적립금
3. 배당금
4. 임의적립금
5. 차기이월이익잉여금

제5장 해외사무소의 회계

제68조(적용범위) 공기업·준정부기관의 해외사무소, 해외주재원(이하 "해외사무소"라 한다)의 회계에 관하여는 본장에서 특별히 정한 것을 제외하고는 다른 장의 정하는 바에 따른다.

제69조(임시해외사무소등의 회계처리) 해외사무소의 설치가 임시적이거나 별도의 회계단위로 처리하는 것이 곤란하다고 인정되는 때에는 본사에 해외계정을 설치하여 운용할 수 있다.

제70조(잠정보고) 해외사무소는 보고 등의 지연으로 본사의 회계처리에 지장이 없도록 하여야 한다. 다만, 부득이한 경우에는 보고 기한 내에 추정 또는 잠정보고에 따르며 이 경우에는 거래 또는 장부의 마감이 끝나는 대로 즉시 보고하여야 한다.

第71조(증빙서류·장표의 보관 및 보존) ① 해외사무소의 장표 및 증빙 서류는 본사에서 집중 관리한다. 다만, 당해 지역의 거래의 관습·물품 등의 조달실적 기타 참고하기 위하여 필요한 경우에는 사본을 비치할 수 있다.

② 기관장은 전산시스템을 통해 본사에서 자금집행 등을 통제할 수 있는 경우에는 증빙서류를 해외사무소에 보관할 수 있다. 다만, 이 경우에는 주기적으로 증빙서류의 적정성을 확인해야 하며, 감독기관이나 이해관계자의 요구가 있으면 증빙서류를 대체할 수 있는 자료를 신속히 제공할 수 있는 필요한 조치를 취하여야 한다.

第72조(자금의 집행) ① 해외사무소의 자금은 비목별 또는 성질별로 교부한다.

② 제1항의 자금은 기관장이 미리 승인한 범위 내에서 전용할 수 있다.

③ 제1항의 자금 중 임차료와 잡금은 현지환율이 변동되어 부족액이 발생한 경우에 한하여 초과 집행할 수 있다. 이 경우 부족액은 즉시 본사에 보고하고 자금을 교부 받아 정산 처리하여야 한다.

第73조(자금의 차입) ① 해외사무소의 운영상 필요에 따라 현지에서 자금을 차입하고자 할 때에는 미리 기관장의 승인을 얻어야 한다. 다만, 연초에 한하여 자금사정으로 송금이 지연되는 경우에는 다음 각 호의 경비를 전년도 예산에 준하여 현지에서 일시차입을 할 수 있다. 이 경우 소장은 지체없이 이를 본사에 보고하여야 한다.

1. 직원 및 잡급직원(현지고용원)의 보수
2. 임차료
3. 업무추진에 필요한 경비

② 제1항의 경우에 있어서는 자금수령 즉시 차입금을 변제하고 그 결과를 본사에 보고하여야 한다.

第74조(정산환율) ① 전도자금은 미화를 기준하여 정산하여야 하며 미화이외의 현지 화폐지불액에 대하여는 이동평균환율에 따라 환산한 미화를 정산액으로 한다.

② 이동평균환율은 계산단위기간을 1월 또는 1분기로 하되 매 송금시마다 환전한 현지 화폐액의 월 또는 분기간 총액을 전월 또는 전분기 잔액과 합하여 미화합계액으로 나눈 수치로 한다.

第75조(고정자산 현황보고) ① 소장은 매월 구입한 고정자산의 현황을 연2회(상·하반기말)본사에 보고하여야 한다.

② 본사의 해외사무소 담당부서의 장은 제1항의 보고에 의거 그 종류별로 고정자산대장에 기록 정리한다.

제76조(감가상각) 해외사무소의 고정자산의 감가상각은 본사에서 처리한다.

제77조(재검토기한) 「훈령 · 예규 등의 발령 및 관리에 관한 규정」(대통령훈령 제334호)에 따라 이 고시 발령 후의 법령이나 현실여건의 변화 등을 검토하여 이 고시의 폐지, 개정 등의 조치를 하여야 하는 기한은 2018년 12월 8일까지로 한다.

부칙 〈제2015-25호, 2015. 12. 9〉

이 기준은 공포한 날부터 시행한다.

제 9 장

비영리법인의 법인세

Ⅰ. 비영리법인의 법인세 납세의무

비영리법인에는 정책적인 이유로 조세혜택이 주어지는 경우가 많다. 하지만 비영리법인의 경우에도 다음의 소득에서 발생하는 소득은 법인세가 과세된다(법인세법 제3조 제3항). 법인세법에서 비영리법인의 소득에 대한 과세방법으로 소득원천설을 채택하고 있는 것으로 볼 수 있다.

1. 제조업, 건설업, 도매업 · 소매업, 소비자용품수리업, 부동산 · 임대 및 사업서비스업 등의 사업으로서 대통령령으로 정하는 것
2. 「소득세법」 제16조 제1항에 따른 이자소득
3. 「소득세법」 제17조 제1항에 따른 배당소득
4. 주식 · 신주인수권 또는 출자지분의 양도로 인하여 생기는 수입
5. 고정자산(고유목적사업에 직접 사용하는 고정자산으로서 대통령령으로 정하는 것은 제외한다)의 처분으로 인하여 생기는 수입
6. 「소득세법」 제94조 제1항 제2호 및 제4호에 따른 자산의 양도로 인하여 생기는 수입
7. 제1호부터 제6호까지의 규정 외에 대가를 얻는 계속적 행위로 인하여 생기는 수입으로서 대통령령으로 정하는 것

앞의 1호에서 대통령령으로 정하는 사업은 통계청장이 고시하는 한국표

준산업분류에 의한 각 사업을 말한다. 하지만 예외적으로 통계청장이 고시하는 한국표준산업분류에 의한 각 사업 중에서 축산업, 연구 및 개발업, 교육서비스업 중 학교 등이 해당된다(법인세법 시행령 제2조 제1항). 예외사항에 포함되지 아니한 업종에서 발생하는 소득은 법인세가 과세된다. 유의할 점은 의료법에 의한 병원에서 발생하는 소득은 열거된 예외사항에 포함하고 있지 않다. 결국, 의료법인의 의료수익은 수익사업에 해당되어 법인세가 과세된다.

Ⅱ. 비영리법인의 구분회계

1. 구분회계의 필요성

비영리법인의 수익사업은 법인세 과세대상소득이 발생하지만, 고유목적사업은 법인세 비과세대상이다. 따라서 법인세를 과세하기 위해서는 고유목적사업과 수익사업에 대한 구분회계가 선행되어야 한다. 이러한 이유로 법인세법 제113조에서는 비영리법인이 수익사업을 하는 경우에는 자산·부채 및 손익을 그 수익사업에 속하는 것과 수익사업이 아닌 그 밖의 사업에 속하는 것을 각각 다른 회계로 구분하여 기록하도록 규정하고 있다.

2. 구분회계의 원칙

비영리법인이 법인세법 제113조에 의하여 구분경리하는 경우 수익사업과 기타의 사업에 공통되는 자산과 부채는 이를 수익사업에 속하는 것으로 한다. 비영리법인이 구분경리를 하는 경우에는 수익사업의 자산의 합계액에서 부채(충당금을 포함한다)의 합계액을 공제한 금액을 수익사업의 자본금으로 한다.

비영리법인이 기타의 사업에 속하는 자산을 수익사업에 지출 또는 전입한 경우 그 자산가액은 자본의 원입으로 경리한다. 비영리법인이 수익사업에 속하는 자산을 기타의 사업에 지출한 경우 그 자산가액 중 수익사업의 소득금액(잉여금을 포함한다)을 초과하는 금액은 자본원입액의 반환으로 한다.

3. 구분회계의 안분계산

비영리법인이 법인세법 제113조의 규정에 의하여 수익사업과 기타의 사업의 손익을 구분경리하는 경우 공통되는 익금과 손금은 다음 각 호의 규정에 의하여 구분계산하여야 한다. 다만, 공통익금 또는 손금의 구분계산에 있어서 개별손금이 없는 경우나 기타의 사유로 다음 각 호의 규정을 적용할 수 없거나 적용하는 것이 불합리한 경우에는 공통익금의 수입항목 또는 공통손금의 비용항목에 따라 국세청장이 정하는 작업시간·사용시간·사용면적 등의 기준에 의하여 안분계산한다. 여기서 공통되는 익금은 과세표준이 되는 것에 한하며, 공통되는 손금은 익금에 대응하는 것에 한한다.

1. 수익사업과 기타의 사업의 공통익금은 수이사업과 기타의 사업의 수입금액 또는 매출액에 비례하여 안분계산
2. 수익사업과 기타의 사업의 업종이 동일한 경우의 공통손금은 수익사업과 기타의 사업의 수입금액 또는 매출액에 비례하여 안분계산
3. 수익사업과 기타의 사업의 업종이 다른 경우의 공통손금은 수익사업과 기타의 사업의 개별 손금액에 비례하여 안분계산

Ⅲ. 법인세의 계산구조

법인세액의 계산은 손익계산서상의 당기순이익에서 출발한다. 일반적으로 인정된 기업회계기준에 따라 계산된 당기순이익은 기업의 경영성과를 측정한 것이다. 하지만 법인세는 소득으로 측정된 담세력에 과세된다. 경영성과를 나타내는 당기순이익과 법인세 과세목적의 담세력은 차이가 있다. 우선 미실현손익은 기업의 경영성과를 나타내기에는 적당하지만 담세력을 나

타내기는 어렵다. 왜냐하면 미실현손익이 현금으로 실현되기까지 납세자 세금을 납부할 재원을 확보했다고 할 수 없기 때문이다.

법인세는 소득으로 측정된 담세력 이외에도 정책적 고려를 반영하여 결정된다. 예를 들어, 비영리법인의 경우 공익목적의 재원을 확보하기 위한 사업을 영위한다면, 이러한 소득에 대하여는 세제한 혜택을 주어도 조세형평에 어긋나지 않을 것이다. 이러한 맥락에서 고안된 것이 고유목적사업준비금이다.

당기순이익과 법인세 과세를 목적으로 측정되는 과세표준에는 상당한 차이가 있지만, 법인세 과세표준을 직접 계산하는 것은 상당한 비용이 소요되는 일이다. 이와 같은 이유로 법인세 과세표준은 일반적으로 일정된 기업회계기준에 의한 당기순이익에서 출발하여 양자간의 차이를 조정하는 방식으로 계산된다.

익금산입과 손금불산입은 당기순이익에는 포함하지 아니하지만 법인세는 과세되는 손익항목이며, 손금산입과 익금불산입은 당기순이익에는 포함되어 있지만, 법인세는 과세되지 아니하는 손익항목이다. 이를 조정한 금액을 기준으로 지정기부금과 고유목적사업준비금 한도초과액을 추가로 조정해 준다.

법인세법상 각 사업연도소득을 계산한 후 이월결손금, 비과세소득과 소득공제를 추가로 공제해준다. 비과세소득과 소득공제는 대부분 정책적 목적에서 공제해주는 것이다. 이월결손금의 공제는 법리상 공제해주는 것이 당연하다. 기업은 영업활동을 하는 동안 회계기간별로 이익이 발생할 때도 있지만, 손실이 발생할 때도 있다. 기업이 장기적으로 법인세를 부담할 수 있는 능력은 전체 회계기간의 이익과 손실을 반영한 금액이다. 따라서 기업의 영속성을 보장하려면, 특정 회계기간에 발생한 이익에 법인세를 과세할 때 그 전에 발생한 손실도 고려해 주어야 한다.

[법인세액의 계산구조]

손익계산서	당기순이익
+	익금산입, 손금불산입
−	손금산입, 익금불산입
차감계	차가감소득
+	지정기부금, 고유목적사업준비금 한도초과액
차감계	각 사업연도소득
−	이월결손금
−	비과세소득
−	소득공제
차감계	과세표준
×	세율
	법인세 산출세액

Ⅳ. 고유목적사업준비금

1. 고유목적사업준비금 설정대상 소득과 범위

법인세법에서는 비영리법인의 고유목적사업준비금의 설정대상 소득과 한도 및 과세표준에 반영하는 방법을 규정하고 있다.

법인세법에서는 비영리내국법인이 각 사업연도에 그 법인의 고유목적사업이나 지정기부금에 지출하기 위하여 고유목적사업준비금을 손금으로 계 그 사업연도의 소득금액을 계산할 때 이를 손금에 산입한다.

1. 「소득세법」 제16조 제1항 각 호(비영업대금의 이익은 제외한다)에 따른 이자소득의 금액
2. 「소득세법」 제17조 제1항 각 호에 따른 배당소득의 금액. 다만, 「상속세 및 증여세법」 제16조 또는 같은 법 제48조에 따라 상속세 과세가액 또는 증여세 과세가액에 산입되거나 증여세가 부과되는 주식등으로부터 발생한 배당소득금액은 제외한다.
3. 특별법에 따라 설립된 비영리내국법인이 해당 법률에 따른 복지사업

으로서 그 회원이나 조합원에게 대출한 융자금에서 발생한 이자금액

4. 제1호부터 제3호까지에 규정된 것 외의 수익사업에서 발생한 소득에 100분의 50(「공익법인의 설립·운영에 관한 법률」에 따라 설립된 법인으로서 고유목적사업등에 대한 지출액 중 100분의 50 이상의 금액을 장학금으로 지출하는 법인의 경우에는 100분의 80)을 곱하여 산출한 금액

고유목적사업준비금을 손금산입하려는 비영리내국법인은 대통령령으로 정하는 바에 따라 해당 준비금의 계상 및 지출에 관한 명세서를 비치·보관하고 이를 납세지 관할 세무서장에게 제출하여야 한다.

2. 고유목적사업준비금 손금산입의 특례

다음 각 호의 어느 하나에 해당하는 법인에 대해서는 2019년 12월 31일(제9호의 경우에는 2017년 12월 31일) 이전에 끝나는 사업연도까지 「법인세법」 제29조를 적용하는 경우 같은 조 제1항 제4호에도 불구하고 해당 법인의 수익사업에서 발생한 소득을 고유목적사업준비금으로 손금에 산입할 수 있다.

1. 다음 각 목의 어느 하나에 해당하는 법인
   가. 「사립학교법」에 따른 학교법인
   나. 「산업교육진흥 및 산학연협력촉진에 관한 법률」에 따른 산학협력단
   다. 「평생교육법」에 따른 원격대학 형태의 평생교육시설을 운영하는 「민법」 제32조에 따른 비영리법인
   라. 「국립대학법인 서울대학교 설립·운영에 관한 법률」에 따른 국립대학법인 서울대학교 및 발전기금
   바. 「국립대학법인 인천대학교 설립·운영에 관한 법률」에 따른 국립대학법인 인천대학교 및 발전기금
2. 「사회복지사업법」에 따른 사회복지법인
3. 다음 각 목의 어느 하나에 해당하는 법인

가. 「국립대학병원 설치법」에 따른 국립대학병원 및 「국립대학치과병원 설치법」에 따른 국립대학치과병원

나. 「서울대학교병원 설치법」에 따른 서울대학교병원

다. 「서울대학교치과병원 설치법」에 따른 서울대학교치과병원

라. 「국립암센터법」에 따른 국립암센터

마. 「지방의료원의 설립 및 운영에 관한 법률」에 따른 지방의료원

바. 「대한적십자사 조직법」에 따른 대한적십자사가 운영하는 병원

사. 「국립중앙의료원의 설립 및 운영에 관한 법률」에 따른 국립중앙의료원

4. 「도서관법」에 따라 등록한 도서관을 운영하는 법인
5. 「박물관 및 미술관 진흥법」에 따라 등록한 박물관 또는 미술관을 운영하는 법인
6. 정부로부터 허가 또는 인가를 받은 문화예술단체로서 대통령령으로 정하는 법인
7. 다음에 해당하는 국제행사 조직위원회

가. 「국제경기대회 지원법」에 따라 설립된 조직위원회로서 기획재정부장관이 효율적인 준비와 운영을 위하여 필요하다고 인정하여 고시한 조직위원회

다. 「2018 평창 동계올림픽대회 및 동계패럴림픽대회 지원 등에 관한 특별법」에 따라 설립된 2018 평창 동계올림픽대회 및 동계패럴림픽대회 조직위원회

마. 「포뮬러원 국제자동차경주대회 지원법」에 따라 설립된 포뮬러원 국제자동차경주대회조직위원회

8. 「공익법인의 설립·운영에 관한 법률」에 따라 설립된 법인으로서 해당 과세연도의 고유목적사업이나 지정기부금에 대한 지출액 중 100분의 80 이상의 금액을 장학금으로 지출한 법인
9. 다음 각 목의 어느 하나에 해당하는 법인

가. 「공무원연금법」에 따른 공무원연금공단

나. 「사립학교교직원연금법」에 따른 사립학교교직원연금공단

3. 결산조정과 신고조정

고유목적사업준비금은 원칙적으로 결산서에 비용으로 인식한 경우에 이를 손금으로 인정받는다(법인세법 제29조 제1항). 예외적으로 「주식회사의 외부감사에 관한 법률」 제3조에 따른 감사인의 회계감사를 받는 비영리내국법인은 제29조에 따른 고유목적사업준비금을 신고조정을 통하여 손금으로 인정받을 수 있다. 이는 일반적으로 인정된 기업회계에서 고유목적사업준비금을 부채로 인정하고 있지 않기 때문이다. 신고조정하는 경우 세무조정계산서에 계상한 경우로서 그 금액을 해당 사업연도의 이익처분으로 준비금을 적립해야 한다.

4. 고유목적사업준비금 설정대상 소득과 범위

비영리내국법인이 손금으로 계상한 고유목적사업준비금을 고유목적사업 등에 지출하는 경우에는 그 금액을 먼저 계상한 사업연도의 고유목적사업준비금부터 차례로 상계하여야 한다. 이 경우 직전 사업연도 종료일 현재의 고유목적사업준비금의 잔액을 초과하여 해당 사업연도의 고유목적사업 등에 지출한 금액이 있는 경우 그 금액은 그 사업연도에 계상할 고유목적사업준비금에서 지출한 것으로 본다.

5. 고유목적사업준비금의 설정, 사용 및 환입

고유목적사업준비금과 관련된 손익항목이 법인세 계산에 반영되는 과정은 고유목적사업준비금의 설정, 적립된 고유목적사업준비금의 사용, 미사용된 고유목적사업준비금의 환입의 3단계 과정을 거친다.

고유목적사업준비금은 비영리법인이 수익사업에서 발생한 소득을 일정한

기간내에 공익목적에 사용하겠다고 약속하면 고유목적사업의 비용으로 사용될 동안 수익사업에서 발생한 소득에 대한 과세를 유예해주겠다는 것이다.

(1) 고유목적사업준비금의 설정

고유목적사업준비금을 설정한다는 것은 비영리법인에서 일정기간 내에 수익사업에서 발생한 소득을 공익목적에 사용하겠다는 약속을 재무제표 또는 세무조정계산서에 선언하는 것이다. 이러한 관점에서 볼 때 다음의 예제가 쉽게 이해될 것이다.

[설정방법] 고유목적사업준비금의 전입시의 결산조정 또는 세무조정

[결산조정]

(차) 고유목적사업준비금전입액 (비용)	10억원	(대) 고유목적사업준비금 (고정부채)	10억원

[세무조정]

〈손금산입〉 고유목적사업준비금의 적립 10억원(△유보)

* 이익처분에 있어서 준비금의 적립금으로 적립되어야 함.

(2) 고유목적사업준비금의 사용

고유목적사업준비금의 사용은 비영리법인이 설정된 고유목적사업준비금을 공익목적사업에 약속대로 사용하는 것이라고 할 수 있다. 약속의 이행은 수익사업의 관점에서는 부채(의무)의 감소에 해당된다. 그리고 약속을 이행하기 위해서는 고유목적사업에 현금을 전입시켜 주어야 한다. 마지막으로 고유목적사업에서 공익목적에 사용함으로써 비용으로 처리된다.

고유목적사업준비금을 신고조정으로 반영한 경우에는 설정시에 이미 손금으로 인정받았으므로, 사용시에는 추가적으로 손금으로 인정받지 못한다. 따라서 고유목적사업준비금의 사용은 법인세에 영향을 주지 않는다. 다만, 기존에 고유목적사업준비금으로 적립되어 유보금으로 관리되는 항목을

잉여금으로 대체하는 세무조정이 필요하다.

[준비금의 사용] 고유목적사업준비금의 사용시의 결산조정 또는 세무조정

[결산조정]

• 수익사업에서의 회계처리: 고유목적사업에 현금을 전출함

(차) 고유목적사업준비금 7억원 (대) 현 금 7억원
(고정부채의 감소) (고정부채)

• 고유목적사업에서의 회계처리: 수익사업에서 현금을 전입받은 후 이를 목적사업에 지출함

(차) 현 금 7억원 (대) 수익사업에서의전입금 7억원

(차) 고유목적사업 비용 7억원 (대) 현 금 7억원

[세무조정-수익사업]

〈익금산입〉 고유목적사업준비금의 적립 7억원(유보)

〈손금산입〉 고유목적사업준비금의 적립 7억원(△유보)

* 이익처분에 있어서 준비금의 적립금으로 적립되어야 함.

[고유목적사업지출로 보지 아니하는 인건비(법인세법 시행령 제56조)]

- 다음의 법인이 임원·종업원에게 지급하는 총급여액 중 8천만원 초과분
  (1) 법인세법 제29조 1항 4호에 따라 수익사업 소득의 50%를 초과하여 고유목적사업준비금으로 손금산입하는 비영리내국법인(장학법인 등)
  (2) 조특법 제74조 1항 2호 및 8호에 따라 수익사업 소득의 50%를 초과하여 고유목적사업준비금으로 손금산입하는 비영리내국법인(장학법인, 사회복지법인 등)
- 하지만 해당 사업연도의 법인세 과세표준을 신고하기 이전에 그 인건비 지급규정을 주무관청에 승인받은 경우 과다인건비 제한 제외함

(3) 고유목적사업준비금의 환입

고유목적사업준비금을 손금으로 계상한 사업연도의 종료일 이후 5년 이내에 고유목적사업준비금의 잔액 중 일부를 환입하여 익금으로 계상한 경우 익금으로 계상한 잔액으로 한정하며, 여러 사업연도에 손금으로 계상한 고유목적사업준비금의 잔액이 있는 경우에는 먼저 계상한 사업연도의 잔액부터 차례로 환입하여 익금으로 계상한 것으로 본다.

[전입방법] 고유목적사업준비금의 전입시의 결산조정 또는 세무조정

[결산조정]

(차) 고유목적사업준비금환입 (비용)	3억원	(대) 고유목적사업준비금 (고정부채)	3억원

[세무조정]

〈익금산입〉 고유목적사업준비금의 환입 3억원(유보)

고유목적사업준비금의 잔액을 익금에 산입하는 경우에는 대통령령으로 정하는 바에 따라 계산한 이자 상당액(1일당 3/10,000)을 해당 사업연도의 법인세에 가산하여 납부하여야 한다.

■ 법인세법 시행규칙 [별지 제27호서식(갑)] 〈개정 2015. 3. 13.〉 (앞쪽)

사 업 연 도	. . . ~ . . .	고유목적사업준비금 조정명세서(갑)	법 인 명	
			사업자등록번호	

1. 손금산입액 조정					
① 소득금액	② 당기 계상 고유 목적사업 준비금	③ 「법인세법」 제24조 제2항에 따른 기부금	④ 해당 사업연도 소득금액 (①+②+③)	⑤ 「법인세법」 제29조 제1항 제1호부터 제3호까지에 따른 금액	⑥ 「법인세법」 제13조 제1호에 따른 결손금
⑦ 「법인세법」 제24조 제2항에 따른 기부금	⑧ 「조세특례제한법」 제121조의23 제6항 제2호에 따른 금액	⑨ 수익사업 소득금액 (④－⑤－⑥－⑦－⑧)	⑩ 손금산입률	⑪ 손금산입한도액 (⑤+⑧+⑨×⑩)	⑫ 손금부인액 [(②－⑪)＞0]
			$\frac{50(80,100)}{100}$		

2. 고유목적사업준비금 명세서						
⑬ 사업연도	⑭ 손금산입액	⑮ 직전 사업연도까지 고유목적사업 지출액	⑯ 해당 사업연도 고유목적사업 지출액	⑰ 익금산입액	⑱ 잔 액 (⑭－⑮－⑯－⑰)	
					⑲ 5년 이내분	⑳ 5년 경과분
(당 기)						
계						

작 성 방 법

1. ① 소득금액란: "법인세 과세표준 및 세액조정계산서(별지 제3호서식)"의 ⑩④란의 차가감소득금액을 적습니다. 다만, 해당 서식 ⑩② 익금산입란 및 ⑩③ 손금산입란에 고유목적사업준비금 중 손금부인된 금액 및 5년 내 미사용하여 익금에 산입한 금액이 포함되어 있는 경우에는 ⑩④란의 차가감소득금액에 손금부인된 금액과 5년 내 미사용하여 익금에 산입한 금액을 더하거나 빼고 적습니다.
2. ② 당기 계상 고유목적사업 준비금란: 직전 사업연도 종료일 현재의 고유목적사업준비금의 잔액을 초과하여 해당 사업연도의 고유목적사업 등에 지출한 금액이 있는 경우 그 금액을 포함하여 적습니다.
3. ⑤「법인세법」 제29조 제1항 제1호부터 제3호까지에 따른 금액란:「조세특례제한법」 제121조의23제3항 제2호를 적용받는 법인의 경우「법인세법」 제29조 제1항 제1호 및 제2호에 따른 금액을 적습니다.
4. ⑧「조세특례제한법」 제121조의23제6항 제2호에 따른 금액란:「농업협동조합법」 제159조의2에 따라 농업협동조합의 명칭을 사용하는 법인에 대해서 부과하는 명칭사용료 수입금액에 100분의 70에서 100분의 100까지의 범위에서 기획재정부장관과 농림축산식품부장관이 협의하여 기획재정부령으로 정하는 비율(100분의 100)을 곱하여 산출한 금액을 적습니다.
5. ⑨ 수익사업소득금액란: 금액이 음수(－)인 경우에는 "0"으로 적습니다.
6. ⑨ 손금산입률란: 일반 비영리내국법인은 50/100(「공익법인의 설립·운영에 관한 법률」에 따라 설립된 법인으로서 고유목적사업 등에 대한 지출액 중 50/100 이상의 금액을 장학금으로 지출하는 법인의 경우에는 80/100)을,「조세특례제한법」 제74조 제1항 또는 제4항을 적용받는 법인은 100/100 또는 80/100을,「조세특례제한법」 제121조의23제3항을 적용받는 법인은 50/100을 적습니다.
7. ⑭ 손금산입액란: 해당 사업연도종료일 전 5사업연도에 세법상 손금산입된 고유목적사업준비금을 손금산입 사업연도 순차로 적되, 각 사업연도별로(②－⑫)의 금액을 적습니다.
8. ⑮ 직전 사업연도까지 고유목적사업지출액란: 직전 사업연도까지 고유목적사업에 실제 지출한 금액을 적으며, 먼저 손금에 계상한 사업연도의 준비금부터 순차로 사용한 것으로 보아 적습니다.
9. ⑯ 해당 사업연도 고유목적사업지출액란: 해당 사업연도에 고유목적사업에 실제 지출한 금액을 적으며, 먼저 손금에 계상한 사업연도의 준비금부터 순차로 사용한 것으로 보아 적습니다. 이 경우 직전 사업연도 이전에 설정한 준비금이 없거나 준비금 잔액이 해당 사업연도 지출액보다 적은 경우에는 해당 사업연도에 계상할 준비금에서 지출한 것으로 보아 적습니다.
10. ⑰ 익금산입액란:「법인세법」 제29조 제4항에 따라 익금에 산입한 금액을 적습니다.
11. ⑱ 잔액란: 손금에 산입한 준비금 중 고유목적사업에 지출하고 남은 잔액을 5년 이내분과 5년 경과분으로 구분하여 적습니다. 이 경우 ⑱ 5년 이내분란에는 해당 사업연도에 설정한 준비금 중 사용하고 남은 잔액도 포함되며, ⑲ 5년 경과분란에는 처음 손금에 산입한 사업연도의 종료일부터 해당 사업연도 종료일까지 5년 이상된 준비금미사용액을 적습니다.
12. ⑫ 손금부인액과 ⑳ 5년 경과분란의 금액은 익금에 산입합니다.
13. ⑳ 5년 경과분란의 익금산입액에 대해서는 "추가납부세액계산서(별지 제8호서식 부표6)"에 따라「법인세법」 제29조 제5항 및 같은 법 시행령 제56조 제7항에 따라 계산한 이자상당가산액을 법인세에 가산하여 납부해야 합니다.

■ 법인세법 시행규칙 [별지 제27호서식(을)] 〈개정 2015. 3. 13.〉

사 업 연 도	. . . ~ . . .	고유목적사업준비금 조정명세서(을)	법 인 명	
			사업자등록번호	

<table>
<tr><th colspan="4">지출내역</th><th rowspan="3">④ 금액</th><th rowspan="3">⑤ 비고</th></tr>
<tr><th rowspan="2">① 구분</th><th rowspan="2">② 적요</th><th colspan="2">③ 지출처</th></tr>
<tr><th>상호(성명)</th><th>사업자등록번호
(주민등록번호)</th></tr>
<tr><td rowspan="5">Ⅰ.
지정기부금</td><td></td><td></td><td></td><td></td><td></td></tr>
<tr><td></td><td></td><td></td><td></td><td></td></tr>
<tr><td></td><td></td><td></td><td></td><td></td></tr>
<tr><td></td><td></td><td></td><td></td><td></td></tr>
<tr><td></td><td></td><td></td><td></td><td></td></tr>
<tr><td rowspan="5">Ⅱ. 고유목적
사업비</td><td></td><td></td><td></td><td></td><td></td></tr>
<tr><td></td><td></td><td></td><td></td><td></td></tr>
<tr><td></td><td></td><td></td><td></td><td></td></tr>
<tr><td></td><td></td><td></td><td></td><td></td></tr>
<tr><td></td><td></td><td></td><td></td><td></td></tr>
<tr><td rowspan="5">Ⅲ.
고유목적사업
관련 운영경비</td><td></td><td></td><td></td><td></td><td></td></tr>
<tr><td></td><td></td><td></td><td></td><td></td></tr>
<tr><td></td><td></td><td></td><td></td><td></td></tr>
<tr><td></td><td></td><td></td><td></td><td></td></tr>
<tr><td></td><td></td><td></td><td></td><td></td></tr>
<tr><td rowspan="5">Ⅳ.
기 타</td><td></td><td></td><td></td><td></td><td></td></tr>
<tr><td></td><td></td><td></td><td></td><td></td></tr>
<tr><td></td><td></td><td></td><td></td><td></td></tr>
<tr><td></td><td></td><td></td><td></td><td></td></tr>
<tr><td></td><td></td><td></td><td></td><td></td></tr>
<tr><td colspan="4">⑥ 계</td><td></td><td></td></tr>
</table>

작 성 방 법

1. 「법인세법」 제29조,「조세특례제한법」 제74조 및 제121조의23제6항에 따른 고유목적사업준비금을 해당 사업연도에 고유목적사업에 지출한 비영리법인 및 단체가 작성합니다.
2. ② 적요란은 고유목적사업에 지출한 상세 항목을 적습니다.
   예) 장학금 지급, 부동산(토지와 건물 구분 기재)취득, 의료기기 취득, 인건비 (임원과 직원 급여구분 기재), 임차료, 전기료, 전화료 등
3. 비영리법인인 장학재단의 경우에는 ③지출처란에 장학금을 지급받는 자의 인적사항을 적습니다.
4. ④ 금액란은 현금의 경우에는 현금지출액을, 현금 외의 기타의 경우에는 시가를 적고 시가가 불분명한 경우에는 「법인세법 시행령」 제89조의 가액을 시가로 합니다.
5. ⑥ 계란은 "고유목적사업준비금조정명세서(갑)[별지 제27호서식(갑)]"의 ⑯란의 계와 일치하여야 합니다.

Ⅲ. 이자소득만 있는 비영리법인의 법인세신고

법인세법 제62조에서는 이자소득만 있는 비영리법인이 이자소득에 대하여 분리과세방법을 적용하여 과세표준을 신고하지 않고 종결할 수 있다. 이러한 방법을 선택하는 경우 법인세과세표준신고의 의무가 경감되는 장점이 있지만, 기납부한 이자소득에 대한 원천징수세액은 환급받지 못한다.

또 다른 대안으로 이자소득만 있는 비영리법인은 법인세법 제62조 및 법인세법 시행규칙 제82조 제2항에 따라 간이신고서식에 의하여 법인세 과세표준을 신고하는 방법으로 기납부한 이자소득에 대한 원천징수세액을 전액 환급받을 수 있다. 이 경우 대차대조표, 손익계산서, 이익잉여금처분계산서(또는 결손금처리계산서), 현금흐름표 등을 첨부할 필요가 없다.

법인세·농어촌특별세 과세표준(조정계산) 및 세액신고서

(이자소득만 있는 비영리법인 신고용)

※ 뒤쪽의 작성방법을 읽고 작성하여 주시기 바랍니다. (앞쪽)

①소 재 지		②전자우편주소
③법 인 명	④대표자성명	
⑤사업자등록번호	⑥사업연도	⑦전화번호

구 분			법 인 세	농 어 촌 특 별 세
과세표준 계산	⑧이 자 소 득 금 액 계			
	⑨준 비 금 손 금 산 입 액			
	⑩기 부 금 손 금 산 입 액			
	⑪기부금한도초과 이월액손금산입			
	⑫각 사 업 연 도 소 득 금 액 (⑧－⑨－⑩－⑪)			
	⑬비 과 세 소 득			
	⑭과 세 표 준(⑫－⑬)			
세액의 계산	⑮세 율			
	⑯산 출 세 액			
	(미납세액, 미납일수, 세율) ⑰가 산 세 액			(, , 3/10,000)
	⑱가 감 계(⑯＋⑰)			
	기 납부 세액	⑲중 간 예 납 세 액		
		⑳원 천 납 부 세 액		
		㉑( )세 액		
		㉒계(⑲＋⑳＋㉑)		
	(세액, 미납일수, 세율) ㉓추 가 납 부 세 액		(, , 3/10,000)	
	㉔차 감 납 부 할 세 액 (⑱－㉒＋㉓)			
	㉕분 납 할 세 액			
	㉖차감납부할세액(㉔－㉕)			

국세환급금계좌신고	㉗예 입 처	은행	(본)지점
	㉘예 금 종 류		예금
	㉙계 좌 번 호		

신고인은 「법인세법」 제60조에 따라 위의 내용을 신고하며, **위 내용을 충분히 검토하였고 신고인이 알고 있는 사실 그대로를 정확하게 적었음을 확인합니다.**

신고인(대표자) (서명 또는 인)

세무대리인은 조세전문자격자로서 위 신고서를 성실하고 공정하게 작성하였음을 확인합니다

년 월 일

세무대리인 (서명 또는 인)

세무서장 귀하

작 성 방 법

1. ⑧이자소득금액계란: 해당 사업연도 중에 수입된 「법인세법」 제3조 제3항 제2호에 따른 이자할인액 및 이익과 「소득세법」 제17조 제1항 제5호에 따른 증권투자신탁수익의 분배금 및 고유목적사업준비금 중 5년 이내 미사용하여 익금에 산입한 금액[고유목적사업준비금조정명세서(갑)(별지 제27호서식(갑))상의 ⑲란의 금액]을 더하여 적습니다.

2. ⑨준비금손금산입액란: 당기 계상 고유목적사업준비금 중 손금산입한도내 금액 {고유목적사업준비금조정명세서(갑)[별지 제27호서식(갑)]상의 ⑩손금산입한도액란의 금액과 ⑪당기계상 고유목적사업 준비금란의 금액 중 적은 금액}을 적습니다.

3. ⑩기부금손금산입액란: 고유목적사업준비금을 설정할 수 없는 비영리법인이 수익사업에서 발생한 소득을 고유목적사업비로 지출한 금액 또는 고유목적사업준비금 설정 가능한 비영리법인이 고유목적사업준비금을 설정하는 것과 별도로 기부금을 지출하는 경우 손금산입 한도내의 금액 등[기부금 조정명세서(별지 제21호서식)상의 ㉜란의 금액]을 적습니다.

4. ⑪기부금한도초과이월액 손금산입란: 해당 사업연도의 기부금이 한도에 미달하는 경우에 전기 이월된 한도초과액 잔액 중 손금산입되는 금액{기부금 조정명세서[별지 제21호서식]상의 ㊲란의 합계금액}을 적습니다.

5. ⑭·⑯란 중 농어촌특별세란: 농어촌특별세 과세표준 및 세액조정계산서(별지 제12호서식)상의 ⑧소계란 중 ②과세표준금액 및 ③세액을 각각 적습니다.

6. ⑮세율란: 법인세의 경우 「법인세법」 제55조 또는 「조세특례제한법」 제72조 제1항 중 최고세율을 적고, 농어촌특별세의 경우 「농어촌특별세법」 제5조에 따른 세율 중 최고세율을 적습니다.

7. ⑰가산세액란: 법인세의 경우 "가산세액계산서(별지 제56호서식 부표)"의 가산세 합계액을 적습니다.

8. ㉓추가납부세액란: 고유목적사업준비금 중 5년 내 미사용하여 익금에 산입한 금액 {고유목적사업준비금조정명세서(갑)[별지 제27호서식(갑)]상의 ⑲란의 금액}이 있는 경우에 「법인세법」 제29조 제5항에 따른 이자상당가산액을 계산하여 적습니다.

9. ㉕분납할세액란: 「법인세법」 제64조 제2항 및 같은 법 시행령 제101조 제2항과 「농어촌특별세법」 제9조 및 같은 법 시행령 제8조에 따른 분납할 세액을 적습니다.

10. 음영으로 표시된 란은 적지 않습니다.

제10장

비영리법인의 부가가치세

Ⅰ. 부가가치세의 의의

부가가치세는 모든 거래단계에서 생성되는 부가가치에 과세하되 그 부담의 전가를 예상하는 다단계 일반소비세이다. 우리나라 부가가치세법상 납세의무자는 사업자로 영리목적의 유무에 불구하고 사업상 독립적으로 재화 또는 용역을 공급하는 자이다. 즉, 비영리법인도 부가가치세 과세대상 재화 또는 용역의 공급을 사업상 공급하는 경우에는 납세의무가 있다.

여기서 중요한 점은 사업상 공급하는 경우에 부가가치세 납세의무가 있다는 것이다. 많은 경우 비영리법인이 영위하는 목적사업은 부가가치세 면세대상인 경우가 많다. 그런데 면세사업자(비영리법인의 목적사업이 그럴 확률이 높음)가 주된 목적사업과 관련하여 일시적으로 또는 우연히 과세대상 재화와 용역을 공급하는 경우에는 부가가치세 과세대상이 아니다.

[부가가치세법 제3조(납세의무자)]

다음 각 호의 어느 하나에 해당하는 자로서 개인, 법인(국가·지방자치단체와 지방자치단체조합을 포함한다), <u>법인격이 없는 사단·재단 또는 그 밖의 단체는 이 법에 따라 부가가치세를 납부할 의무가 있다.</u>

1. 사업자
2. 재화를 수입하는 자

Ⅱ. 부가가치세 면세대상 재화와 용역

부가가치세법 제26조에 규정하고 있는 면세대상 재화와 용역은 다음과 같다. 여기에 열거된 재화와 용역의 경우 상당수가 비영리법인에 의하여 공급되는 것이다.

1. 가공되지 아니한 식료품[식용(食用)으로 제공되는 농산물, 축산물, 수산물과 임산물을 포함한다] 및 우리나라에서 생산되어 식용으로 제공되지 아니하는 농산물, 축산물, 수산물과 임산물로서 대통령령으로 정하는 것
2. 수돗물
3. 연탄과 무연탄
4. 여성용 생리 처리 위생용품
5. 의료보건 용역(수의사의 용역을 포함한다)으로서 대통령령으로 정하는 것과 혈액
6. 교육 용역으로서 대통령령으로 정하는 것
7. 여객운송 용역. 다만, 항공기, 고속버스, 전세버스, 택시, 특수자동차, 특종선박(特種船舶) 또는 고속철도에 의한 여객운송 용역으로서 대통령령으로 정하는 것은 제외한다.
8. 도서(도서대여 용역을 포함한다), 신문, 잡지, 관보(官報), 「뉴스통신 진흥에 관한 법률」에 따른 뉴스통신 및 방송으로서 대통령령으로 정하는 것. 다만, 광고는 제외한다.
9. 우표(수집용 우표는 제외한다), 인지(印紙), 증지(證紙), 복권 및 공중전화
10. 「담배사업법」 제2조에 따른 담배로서 다음 각 목의 어느 하나에 해당하는 것

    가. 「담배사업법」 제18조 제1항에 따른 판매가격이 대통령령으로 정하는 금액 이하인 것

나. 「담배사업법」 제19조에 따른 특수용담배로서 대통령령으로 정하는 것

11. 금융·보험 용역으로서 대통령령으로 정하는 것
12. 주택과 이에 부수되는 토지의 임대 용역으로서 대통령령으로 정하는 것
13. 「공동주택관리법」 제18조 제2항에 따른 관리규약에 따라 같은 법 제2조 제1항 제10호에 따른 관리주체 또는 같은 법 제2조 제1항 제8호에 따른 입주자대표회의가 제공하는 「주택법」 제2조 제14호에 따른 복리시설인 공동주택 어린이집의 임대 용역
14. 토지
15. 저술가·작곡가나 그 밖의 자가 직업상 제공하는 인적(人的) 용역으로서 대통령령으로 정하는 것
16. 예술창작품, 예술행사, 문화행사 또는 아마추어 운동경기로서 대통령령으로 정하는 것
17. 도서관, 과학관, 박물관, 미술관, 동물원, 식물원, 그 밖에 대통령령으로 정하는 곳에 입장하게 하는 것
18. 종교, 자선, 학술, 구호(救護), 그 밖의 공익을 목적으로 하는 단체가 공급하는 재화 또는 용역으로서 대통령령으로 정하는 것
19. 국가, 지방자치단체 또는 지방자치단체조합이 공급하는 재화 또는 용역으로서 대통령령으로 정하는 것
20. 국가, 지방자치단체, 지방자치단체조합 또는 대통령령으로 정하는 공익단체에 무상(無償)으로 공급하는 재화 또는 용역

Ⅲ. 면세사업자의 등록

부가가치세법상 사업자등록은 부가가치세 납세의무가 있는 사업자의 경우에만 등록의무가 있다. 하지만 이 경우에도 법인세법 제11조에 의한 법

인세 납세의무자로서 사업자등록의무는 있다.

우리나라 세법에서는 납세의무자로서의 납세의무를 규정하는 법조항도 있지만, 과세관청에 협력의무를 규정한 조항도 있다. 과세관청은 부가가치세 과세자료를 효율적으로 확보하기 위하여 면세사업자에게 고유번호를 부여하기도 한다. 고유번호를 발급받은 면세사업자는 과세기간 종료일로부터 25일 이내에 매입처별세금계산서합계표를 세무서장에게 제출하여야 한다. 이는 면세사업자가 납세의무는 없지만 협력의무의 차원에서 의무를 부과하는 것이다. 여기서 확보된 과세자료는 다른 과세사업자의 부가가치세 매출자료와 대조하는 자료로 사용된다.

제11장

비영리법인의 상속세 및 증여세

Ⅰ. 상속세 및 증여세 일반

1. 상속세 및 증여세에 대한 이해

상속세와 증여세는 재산을 무상으로 이전하는 행위에 과세하는 세금이다. 상속은 피상속인의 사망으로 인하여 개시된다. 증여세는 무상으로 재산이 이전되는 행위에 과세됨은 동일하지만 피상속인의 사망이 개입되지 않는다. 상속세와 증여세 모두 재산의 무상이전에 과세된다는 점은 일치한다. 따라서 상속세와 증여세는 같은 법률의 테두리에서 납세의무와 과세대상을 규정하고 있다.

2. 상속세 및 증여세의 납부의무

상속인은 상속재산 중 각자가 받았거나 받을 재산을 기준으로 대통령령으로 정하는 비율에 따라 계산한 금액을 상속세로 납부할 의무가 있다. 이때 영리법인은 상속세의 납세의무가 없다. 영리법인의 경우에 상속행위가 발생한 경우에 법인세가 부과되기 때문이다.

증여재산에 대하여 수증자에게 「소득세법」에 따른 소득세 또는 「법인세법」에 따른 법인세가 부과되는 경우에는 증여세를 부과하지 아니한다.

상속세 및 증여세법의 법률체계

상속세와 증여세는 재산의 무상이전에 대하여 과세된다는 점에서 동일하다. 이러한 이유로 동일한 법률의 테두리에서 상속세 및 증여세 납세의무와 과세대상을 규정하고 있다.

구체적으로 법률체계를 살펴보면 「상속세 및 증여세법」 제2장에서는 상속세를 다루고 있으며, 제3장에서는 증여세를 다루고 있다. 그리고 각 절의 구성을 동일하게 이루어져 있다.

한편, 「상속세와 증여세법」 제2장과 제3장의 제4절에서는 공익목적 출연재산 등의 과세가액 불산입을 규정하고 있다. 이는 공익법인에 출연한 재산의 경우 일정요건을 충족하면 상속세와 증여세를 비과세하는 규정이다. 공익법인 출연재산에 대한 상속세와 증여세 과세방법은 매우 복잡하기 때문에 별도의 절로 구분하여 상세하게 규정한 것이다. 비영리법인의 세무에서 「상속세 및 증여세법」이 차지하는 중요성이 매우 크다고 할 수 있다.

제1장 총칙	
제2장 상속세의 과세표준과 세액의 계산	제3장 증여세의 과세표준과 세액의 계산
제1절 상속재산	제1절 증여재산
제2절 비과세	제2절 증여 추정 및 증여 의제
제3절 상속세 과세가액	제3절 증여세 과세가액
제4절 공익목적 출연재산의 과세가액 불산입	제4절 공익목적 출연재산 등의 과세가액 불산입
제5절 상속공제	제5절 증여공제
제6절 과세표준과 세율	제6절 과세표준과 세율
제7절 세액공제	제7절 세액공제
제4장 재산의 평가	
제5장 신고와 납부	
제6장 결정과 경정	
제7장 보칙	

3. 상속세 및 증여세의 계산흐름도

상속세액은 상속세과세표준에 세율을 곱하여 결정한다. 상속세 과세표준은 상속재산가액에서 추정상속재산과 상속개시 전 증여재산가액을 더하고 비과세 재산가액을 다음의 금액을 차감하여 산출한다. 상속세 과세표준의 계산에 있어서 증여재산을 합산하는 이유는 상속세가 누진세율의 적용을 받으므로, 사전 증여로 상속세를 회피하는 것을 방지하기 위해서다. 따라서 상속개시일 전 10년 이내에 피상속인이 상속인에게 증여한 재산가액과 상속개시일 전 5년 이내에 피상속인이 상속인이 아닌 자에게 증여한 재산가액을 상속재산가액에 합산한다.

상속세율과 증여세율은 동일한 세율이 적용된다. 아래와 같이 상속세 및 증여세율은 과세표준이 커짐에 따라 적용되는 세율이 높아지는 초과누진세율 구조로 되어 있다(상속세 및 증여세법 제26조).

과세표준	세 율
1억 이하	10%
1억원 초과 5억 이하	1천만원+1억원 초과분에 대하여는 20%
5억원 초과 10억 이하	9천만원+5억원 초과분에 대하여는 30%
10억원 초과 30억 이하	2억 4천만원+10억원 초과분에 대하여는 40%
30억원 초과	10억 4천만원+30억원 초과분에 대하여는 50%

세대생략상속이란 조부가 사망한 경우 자식에게 상속하지 않고 손자나 증손자에게 재산을 상속하는 것을 말한다. 이와 같은 세대생략상속은 피상속인이 자식에게 상속함으로써 부담해야 할 한 번의 상속세를 회피하는 결과가 된다. 이와 같은 조세회피를 방지하기 위하여 「상속세 및 증여세법」에서는 세대를 건너뛴 상속에 대한 할증과세를 규정하고 있다.

상속세 과세표준의 계산에 있어서 증여재산을 가산한 경우, 증여재산에 대한 증여세액 납부액이 발생한다. 이 부분을 공제하지 않는 경우 이중과세의 문제가 발생한다. 따라서 증여 당시의 그 증여재산에 대한 증여세 산출세액은 상속세 산출세액에서 공제한다. 그리고 상속세 과세표준을 상속개시일로부터 6개월 이내에 자진신고한 경우에는 상속세 산출세액 100분의 7에 상당하는 금액을 공제한다.

증여세의 근본적인 계산구조는 상속세와 크게 다르지 않다. 다만, 피상속인의 사망이라는 행위가 없으므로 장례비공제, 상속공제에서 차이가 발생한다. 증여세 과세표준의 계산에서 상속공제 대신 증여재산공제가 적용된다.

[납부할 상속세액의 계산구조]

	상속재산가액
+	추정 상속재산가액
−	비과세 · 과세가액불산입 재산가액
−	공과금 · 장례비 · 채무
−	상속개시전 증여재산가액
차감계	상속세과세가액
−	상속공제
−	감정평가수수료
차감계	상속세 과세표준
×	세율
차감계	상속세 산출세액
+	세대생략상속분 할증과세액
−	증여세액공제, 신고세액공제 등
+	신고 · 납부 불성실가산세 등
	납부할 상속세액

Ⅱ. 공익법인 출연에 대한 증여세

1. 출연재산에 대한 과세 일반

공익법인에 출연하는 기부행위에 대하여 증여세가 과세될 수 있다는 사실은 일반인의 상식과는 다르다. 하지만 공익법인도 법인격을 가지고 있으며, 무상으로 수증되는 재산에 대하여 증여세가 과세되더라도 법의 논리에 크게 벗어나는 것은 아닐 것이다. 즉, 공익법인에 대한 출연에 대한 과세는 정책적으로 결정되어야 하는 문제라고 할 수 있다.

공익활동을 위한 기부행위를 장려한다는 측면에서 공익법인에 출연하는 재산에 대하여는 비과세를 규정하고 있다. 하지만 의결권 있는 주식을 출연하는 경우에는 그 한도를 제한하고 있다. 이는 공익법인이 지주회사로 이용되어 상속세 및 증여세를 회피하면서 경영권을 세습하는 것을 방지하기 위해서이다. 이에 대한 규정과 사후관리의무조항은 매우 복잡하므로 잘못 해석하는 경우에 기부행위로 인한 선의의 피해자가 발생할 수 있다.

한편, 공익법인의 출연에 대한 과세는 상속세 규정과 증여세 규정이 존재한다. 양자간에 큰 차이가 있는 것은 아니다. 본 교재는 이해의 편의를 위하여 증여세 규정을 중심으로 공익법인 출연재산에 대한 과세규정을 기술한다.

2. 출연재산에 대한 증여세 과세

(1) 출연받은 재산의 경우

「상속세 및 증여세법」 제48조에서는 공익법인등이 출연받은 재산의 가액은 증여세 과세가액에 산입하지 아니한다고 규정하고 있다. 하지만 동조 제2항 제2호에서는 출연받은 재산(그 재산을 수익용 또는 수익사업용으로 운용하는 경우 및 그 운용소득이 있는 경우를 포함한다)을 내국법인의 주식등을 취득하는 데 사용하는 경우 그 내국법인의 의결권 있는 발행주식총수등의 100분의 5(성실공익법인등에 해당하는 경우에는 100분의 10)를 초과하는 경우에는 공익법인등이 증여받은 것으로 보아 즉시 증여세를 부과하도록 규정하고 있다.

(2) 출연받은 재산으로 주식을 취득하는 경우

출연받은 재산(그 재산을 수익용 또는 수익사업용으로 운용하는 경우 및 그 운용소득이 있는 경우를 포함한다) 및 출연받은 재산의 매각대금(매각대금에 의하여 증가한 재산을 포함하며 대통령령으로 정하는 공과금 등에 지출한 금액은 제외한다. 이하 이 조에서 같다)을 내국법인의 주식등을 취득하는 데 사용하는 경우로서 그 취득하는 주식등과 다음 각 목의 주식등을 합한 것이 그 내국법인의 의결권 있는 발행주식총수등의 100분의 5(성실공익법인 등에 해당하는 경우에는 100분의 10)를 초과하는 경우

(3) 매각시의 예외조항

공익법인에 출연을 제한하는 규정은 기부문화를 훼손하는 결과를 초래할 수 있으며, 때로는 공익법인에 출연함으로써 증여세가 발생할 수 있다는 사실을 모르는 선의의 기부로 인한 피해자가 생길 수 있다. 이러한 이유로 2016년 개정 세법에서는 다음과 같은 경우에는 5%(성실공익법인의 경우 10%)를 초과하여 출연하더라도 증여세를 과세하지 아니하는 예외조항을 두었다.

① 일정한 요건을 충족하는 공익법인등으로서 상호출자제한기업집단과 특수관계에 있지 아니한 공익법인등에 그 공익법인등의 출연자와 특수관계에 있지 아니한 내국법인의 주식등을 출연하는 경우로서 주무관청이 공익법인등의 목적사업을 효율적으로 수행하기 위하여 필요하다고 인정하는 경우

② 상호출자제한기업집단과 특수관계에 있지 아니한 성실공익법인등(공익법인등이 설립된 날부터 3개월 이내에 주식등을 출연받고, 설립된 사업연도가 끝난 날부터 2년 이내에 성실공익법인등이 되는 경우를 포함한다)에 발행주식총수등의 100분의 10을 초과하여 출연하는 경우로서 해당 성실공익법인등이 초과보유일부터 3년 이내에 초과하여 출연받은 부분을 매각(주식등의 출연자 또는 그의 특수관계인에게 매각하는 경우는 제외한다)하는 경우에는 증여세 과세대상에 포함하지 아니한다.

③ 「공익법인의 설립·운영에 관한 법률」 및 그 밖의 법령에 따라 내국법인의 주식 등을 출연하는 경우

3. 공익법인 출연제한의 연혁

일부 재벌기업의 소유주가 상속세 및 증여세를 회피하면서 경영권을 후

계자에게 세습하려는 여러 가지 시도들이 있었다. 이를 방지하기 위한 상증법 규정들도 나타나게 되었다.

우리나라는 1991년에 「상속세 및 증여세법」 제8조의2에 따라 공익법인에 내국법인의 발행주식총액 또는 출자총액의 20%를 초과하여 주식 또는 출자지분을 출연하는 경우 증여세를 과세하는 조항을 처음 도입하였다. 이는 재벌그룹이 사실상 지배하는 공익법인에 주식을 출연함으로써 경영권을 후계자에게 세습하는 것을 방지하기 위해서다. 그 후 1993년에 초과출연에 대한 기준을 5%로 하향조정하였다.

하지만 공익법인에 대한 주식출연제한은 부작용을 초래할 수도 있다. 지나치게 공익법인 주식출연을 제한하는 것은 바람직한 기부문화가 정착하는 데 좋지 않은 영향을 줄 수 있기 때문이다. 이에 2007년 12월 31일에는 성실공익법인에 해당하는 경우 발행주식총수의 10%까지 출연할 수 있도록 완화했다. 성실공익법인에는 「상속세 및 증여세법」 제50조 제3항에 따른 외부감사를 받을 의무, 제50조의2에 따른 전용계좌의 개설 및 사용의 의무, 제50조의3에 따른 결산서류 등의 공시의 의무, 제51조에 따른 장부의 작성·비치 등의 의무가 따른다. 소규모 공익법인은 이러한 의무를 충족하기 쉽지 않아서 중소기업주식을 출연하여 설립된 공익법인은 성실공익법인의 혜택을 보기 어려울 수 있다.

[성실공익법인의 요건]

1. 제50조 제3항에 따른 외부감사,
2. 제50조의2에 따른 전용계좌의 개설 및 사용,
3. 제50조의3에 따른 결산서류등의 공시,
4. 제51조에 따른 장부의 작성·비치,
5. 공익법인등의 운용소득의 100분의 80 이상을 직접 공익목적사업에 사용할 것
6. 출연자(재산출연일 현재 해당 공익법인등의 총출연재산가액의 100분의 1에 상당하는 금액과 2천만원 중 적은 금액을 출연한 자는 제외한다) 또는 그의

특수관계인이 공익법인등의 이사 현원(이사 현원이 5명에 미달하는 경우에는 5명으로 본다)의 5분의 1을 초과하지 아니할 것.
7. 자기내부거래를 하지 아니할 것
8. 광고·홍보를 하지 아니할 것

Ⅲ. 대규모기업군과 중소기업 주식의 출연효과 비교[1)]

대규모기업군에 속한 기업의 주식을 출연하는 경우와 중소기업의 주식을 출연하는 경우에는 그로 인하여 기대되는 효과가 큰 차이가 있다. 이러한 차이를 인식하는 것을 현재 쟁점이 되고 있는 공익법인에 주식출연에 대한 개선방안을 이해하는 데 도움이 될 것이다.

우선, 출연자가 대기업에 해당하는 기업의 주식을 출연할 때와 중소기업의 주식을 출연할 때 확보되는 재원에 차이가 있다. 일반적으로 대규모기업의 주식은 5%(또는 10%)만 출연하여도 목적사업을 달성하기에 충분한 재원이 될 수 있다. 하지만 중소기업의 경우 5%(또는 10%)의 출연만으로는 목적사업을 영위하는 데 충분하지 않을 수 있다. 이러한 제약은 중소기업의 경영자가 자신이 사실상 지배하는 회사에서 창출되는 이윤을 공익목적에 활용하는데 큰 어려움일 수 있다.

성실공익법인으로 지정되었을 때의 효익과 비용에서도 차이가 있다. 현재의 「상속세 및 증여세법」에서는 성실공익법인으로 지정되는 경우 의결권 있는 주식의 10%까지 과세되지 않고 출연받을 수 있다. 하지만 성실공익법인으로 지정되기 위해서는 여러 가지 의무가 따른다. 외부감사를 받아야 하며 결산서류 등의 공시의무가 따르는 등 여러 가지 부가적인 의무가 있다. 하지만 소규모 공익법인의 경우 이러한 관리비용의 부담이 클 수 있다. 즉, 중소기업의 주식을 출연하는 경우 성실공익법인으로 지정되어 주식출연한도

1) 'Ⅲ. 대기업과 중소기업 주식의 출연효과 비교'는 기업경영리뷰 2017년 2월호에 게재되는 저자의 논문 '중소기업주식의 공익법인 출연에 관한 연구'에 실린 내용을 기반으로 하였다.

가 증가함으로써 기대되는 효익보다 이와 관련하여 파생되는 비용의 부담이 클 수 있다. 한편, 대규모기업이 주식을 출연할 때는 성실공익법인에 따라 추가되는 여러 가지 관리비용의 부담이 크지 않을 수 있다. 반면 주식출연 한도가 10%로 증가할 때 기대되는 효익은 상대적으로 크다고 할 수 있다. 요약하면, 중소기업이 주식을 출연하여 공익법인을 설립하는 경우 성실공익법인으로 지정받기 위하여 부담하는 직간접적인 비용의 부담이 기대되는 효익에 비해 크다고 할 수 있다.

경영권의 세습의 측면에서도 대기업과 중소기업 주식을 출연할 때의 기대효익에서 차이가 있다. 지배구조가 복잡한 대규목기업집단에서는 지주회사의 역할을 하는 회사의 주식이 기업집단 전체에서 경영권을 지배하는 데 큰 역할을 한다. 하지만 지배주주와 이와 특수관계자의 관계에 있는 주주가 대부분의 주식을 소유한 중소기업의 경우에는 5%(또는 10%)의 주식을 공익법인을 통하여 행사하여도 전체 의결권에 미치는 영향이 없다.

출연재산을 매각할 수 있는 활성시장의 존재 여부에도 차이가 있다. 비상장 중소기업의 경우 활성화된 주식시장이 존재하지 않는다. 이는 중소기업의 경영자가 주식을 현금화하여 공익법인을 설립하려도 하여도 이를 실행하기가 매우 어려울 수 있음을 의미한다. 반면에 대규모기업집단의 경우 상장주식에 해당하는 경우가 많으므로 현금화하여 출연하는 것이 어렵지 않다. 즉, 중소기업의 경영자는 대규모기업집단의 경영자와는 다르게 현금화하여 주식을 출연하는 대안을 고려하기 어렵다는 것이다.

가업상속공제의 혜택이 존재하느냐의 차이도 있다. 중소기업의 경영자는 가업상속공제의 요건을 충족하는 경우 상속세 및 증여세에 대한 큰 부담없이 후계자에게 경영권을 넘길 수 있다. 대규모기업의 경영자와는 다르게 가업상속공제의 요건을 충족시킴으로써 상속세 및 증여세에 대한 부담을 최소화할 수 있으므로 조세회피의 목적으로 공익법인을 설립할 유인이 매우 낮다고 볼 수 있다. 오히려 일본의 경우 가업을 승계할 후계자를 물색하지 못하여 폐업하는 중소기업이 많아서 문제가 되고 있다. 따라서 은퇴하는 경영자가 자신의 주식을 공익법인에 출연하여 공익목적에 사용하고 이에 대한 경영은 전문경영인이 지속적으로 맡도록 하는 것이 사회 전체적으로 바람직할 수 있다.

[대기업과 중소기업의 주식출연효과 요약]

	대규모기업	중소기업
재원확보	5% 범위 내에서 주식출연으로 목적사업을 수행하기에 충분할 수 있음	5% 범위 내에서 주식출연으로 목적사업달성이 어려울 수 있음
성실공익법인 지정시 관리비용	외부회계감사비용, 기타 「상속세 및 증여세법」상 의무이행이 어렵지 않음	관리비용을 부담하기 어려움. 실질적으로 성실공익법인이 되기 어려움.
지주회사의 역할	지배구조가 복잡하여, 소수의 지분이 지배구조에 큰 역할을 함	지배구조가 단순함. 지주회사의 가능성이 낮음.
활성시장	상장회사인 경우가 많음. 상장회사의 경우 활성시장이 존재함.	대부분 비상장회사로 활성시장이 존재하지 않는 경우가 많음
가업승계	가업승계에 어려움이 없음. 전문경영인이 존재함.	일부 중소기업의 경우 가업승계가 곤란하며 전문경영인이 부재한 경우가 많음
주주의 분포	지배주주와 다수의 소액주주로 구성됨.	1인 지배주주이거나, 대주주가 특수관계에 있는 자가 대부분의 주식을 보유함.
상증법상 세제혜택	가업상속에 대한 세제혜택이 없음	가업상속에 대한 상속공제를 일정요건을 충족하는 경우 상속세를 납부하고 경영권 이양가능

사 례

219억 주식 기부에 세금이 225억… 8년간 체납자로 몰린 기막힌 현실

전재산 기부 60代의 사연

"전 재산을 기부한 사람을 칭찬하지는 못할망정 부도덕한 체납자로 몰다니…."

평생 모은 200억원대의 재산을 장학금으로 출연했다가 225억원의 세금을 물

어야 할 처지가 된 황필상(69) 전 수원교차로 대표는 지난달 19일 본지 인터뷰에서 서류 한 장을 꺼내들며 분통을 터뜨렸다. '오는 10월까지 미납 세금을 내지 않으면 고액·상습 체납자로 지정해 인터넷에 공개하겠다'는 국세청의 공문(公文)이었다.

황씨는 지난 2003년 모교(母校)인 아주대에 자신이 설립한 생활 정보지 '수원교차로'의 주식 90%(약 219억원)를 기부했다. 서울 청계천 빈민촌에서 자란 황씨는 고학(苦學)하는 후배들을 도와주고 싶어서였다고 했다.

그런데 5년 후인 2008년 수원세무서가 황씨의 기부에 대해 증여세 140억원을 물리면서 악몽 같은 법정 투쟁이 시작됐다. 아주대가 증여세를 내지 않자 국세청이 황씨에게 연대 납세 의무를 지운 것이다.

국세청은 "대기업의 편법 증여를 막으려는 상속증여세법에 따라 특정 기업의 주식을 5% 넘게 기부하면 증여세 과세 대상"이라고 했다.

황씨는 1심에서 승소했지만 2심에선 패했다. 대법원은 4년 7개월째 재판 일정조차 잡지 않고 있다. 황씨는 "이젠 몸과 마음이 다 지쳤다"며 "기부 문화 정착을 위해 순교(殉敎)해도 좋으니 빨리 판결이 내려졌으면 하는 바람"이라고 말했다.

[출처] 본 기사는 조선닷컴에서 작성된 기사입니다

Ⅳ. 출연재산의 사후관리

공익법인이 출연재산에 대하여 증여세가 비과세된 경우에는 이에 대한 사후관리의무도 있다. 이는 공익목적으로 출연된 재산이 정책적인 목적에서 비과세되었음에도 공익목적에 사용되지 않는 것을 방지하기 위함이다. 만약, 공익법인이 출연받은 재산에 대한 사후관리의무를 이행하지 않은 경우에는 사안에 따라 증여세가 부과되거나 가산세가 부과된다.

1. 출연재산을 직접 공익목적사업 등에 사용

출연받은 재산을 직접 공익목적사업 등의 용도 외에 사용하거나 출연받은 날부터 3년 이내에 직접 공익목적사업 등에 사용하지 아니하는 경우에는 즉시 증여세를 부과한다. 이 경우 직접 공익목적사업에 충당하기 위하여 수익용 또는 수익사업용으로 운용하는 경우를 포함한다. 다만, 직접 공익목적사업 등에 사용하는 데에 장기간이 걸리는 등 대통령령으로 정하는 부득이한 사유가 있는 경우로서 제5항에 따른 보고서를 제출할 때 납세지 관할세무서장에게 그 사실을 보고하고, 그 사유가 없어진 날부터 1년 이내에 해당 재산을 직접 공익목적사업 등에 사용하는 경우는 제외한다.

여기서 직접 공익목적사업에 사용하는 것은 공익법인등의 정관상 고유목적사업에 사용하는 것을 말한다.

2. 출연재산 매각금액을 직접 공익목적사업에 사용

공익법인이 출연받은 재산을 매각하고 그 매각대금을 매각한 날이 속하는 과세기간 또는 사업연도의 종료일부터 3년 이내에 매각대금 중 직접 공익목적사업에 사용한 실적이 매각대금의 100분의 90에 미달하는 때에는 증여세를 과세한다. 한편, 사업연도 종료일부터 1년 이내에 매각대금의 100분의 30, 2년 이내에 매각대금의 100분의 60에 미달하게 사용한 경우에는 그 미달금액에 가산세를 부과한다.

3. 출연재산 운용소득을 직접 공익목적에 사용

공익법인이 직전 과세기간 또는 사업연도에서 발생한 운용소득을 출연받은 재산의 운용소득에 100분의 70에 상당하는 금액에 미달하게 사용한 경우에는 증여세를 즉시 부과한다.

여기서 운용소득은 다음의 1호에서 2호를 차감한 금액으로 한다.

1. 해당 과세기간 또는 사업연도의 수익사업에서 발생한 소득금액과 출연재산을 수익의 원천에 사용함으로써 생긴 소득금액의 합계액. 여기서 출연재산과 관련이 없는 수익사업에서 발생한 소득금액 및 「상속세 및 증여세법」 제48조 제2항 제4호에 따른 출연재산 매각금액을

제외하고, 「법인세법」 제29조 제1항의 규정에 의한 고유목적사업준비금과 해당 과세기간 또는 사업연도 중 고유목적사업비로 지출된 금액으로서 손금에 산입된 금액을 포함한다.

2. 해당 소득에 대한 법인세 또는 소득세·농어촌특별세·주민세 및 이월결손금

4. 출연자 등의 이사 취임의 제한

출연자 또는 그의 특수관계인이 대통령령으로 정하는 공익법인등의 현재 이사 수(현재 이사 수가 5명 미만인 경우에는 5명으로 본다)의 5분의 1을 초과하여 이사가 되거나, 그 공익법인등의 임직원(이사는 제외한다. 이하 같다)이 되는 경우에는 「상속세 및 증여세법」 제78조 제6항에 따른 가산세를 부과한다. 다만, 사망 등 대통령령으로 정하는 부득이한 사유로 출연자 또는 그의 특수관계인이 공익법인등의 현재 이사 수의 5분의 1을 초과하여 이사가 된 경우로서 해당 사유가 발생한 날부터 2개월 이내에 이사를 보충하거나 개임하는 경우에는 「상속세 및 증여세법」 제78조 제6항에 따른 가산세를 부과하지 아니한다.

5. 광고·홍보의 제한

공익법인등이 특수관계에 있는 내국법인의 이익을 증가시키기 위하여 정당한 대가를 받지 아니하고 광고·홍보를 하는 경우에는 제78조 제8항에 따른 가산세를 부과한다.

1. 신문·잡지·텔레비전·라디오·인터넷 또는 전자광고판 등을 이용하여 내국법인을 위하여 홍보하거나 내국법인의 특정상품에 관한 정보를 제공하는 행위. 다만, 내국법인의 명칭만을 사용하는 홍보를 제외한다.
2. 팜플렛·입장권 등에 내국법인의 특정상품에 관한 정보를 제공하는 행위. 다만, 내국법인의 명칭만을 사용하는 홍보를 제외한다.

6. 자기거래의 제한

공익법인등은 출연받은 재산 등을 다음 각 호의 어느 하나에 해당하는 자에게 임대차, 소비대차 및 사용대차 등의 방법으로 사용·수익하게 하는 경우에는 대통령령으로 정하는 가액을 공익법인등이 증여받은 것으로 보아 즉시 증여세를 부과한다.

7. 공익사업 수혜대상의 선정

직접 공익목적사업에 사용하는 것이 사회적 지위·직업·근무처 및 출생지 등에 의하여 일부에게만 혜택을 제공하는 것인 때에는 출연받은 재산에 즉시 증여세를 부과한다. 다만, 주무부장관이 기획재정부장관과 협의하여 따로 수혜자의 범위를 정한 경우를 제외한다.

Ⅴ. 공익법인의 회계감사

상속세 및 증여세법에서는 자산 규모가 100억원 이상인 공익법인 등은 과세기간별 또는 사업연도별로 「주식회사의 외부감사에 관한 법률」 제3조에 따른 감사인에게 회계감사를 받도록 규정하고 있다. 하지만 이에 대한 벌칙 조항이 없어서 사실상 권고사항의 성격이 강하다.

■ 상속세 및 증여세법 시행규칙 [별지 제23호서식] 〈개정 2012. 2. 28〉

공익법인 출연재산 등에 대한 보고서

접수번호 :		접수일자 :	
1. 인적사항			
①공익법인명		②사업자등록번호 (고유번호)	
③대표자		④사업연도	
⑤소재지		⑥전자우편주소	
		⑦전화번호	
⑧공익사업 유형	1.교육 2.학술·장학 3.사회복지 4.의료 5.종교 6.문화 7.기타		
⑨외부세무확인대상	1.여 2.부	⑩수익사업 운영	1.여 2.부
⑪회계감사이행여부	1.여 2.부	⑫성실공익법인여부	1.여 2.부

2. 자산보유현황

⑬총자산가액 (⑭+⑮+⑯+⑰+⑱)	⑭토지	⑮건물	⑯주식·출자 지분 등	⑰예금·적금 등 금융자산	⑱기타

3. 수입원천별 수입금액현황

구분	⑲ 합계 (⑳+㉔+㉗+㉘)	수익사업								㉘ 고유 목적 사업
		금융				부동산			㉗ 기타 수익 사업	
		⑳ 소계	㉑ 이자	㉒ 배당	㉓ 기타	㉔ 소계	㉕ 임대	㉖ 매각		
수입금액										
필요경비										
소득금액										

「상속세 및 증여세법」 제48조 제5항 및 같은 법 시행령 제41조 제1항에 따라 공익법인 출연재산 등에 대한 보고서를 제출합니다.

년 월 일

제출인 (서명 또는 인)

세무서장 귀하

제출서류	1. 출연재산·운용소득·매각대금의 사용계획 및 진도내역서(별지 제24호 서식) 2. 출연받은 재산의 사용명세서(별지 제25호의2 서식) 3. 출연재산 매각대금 사용명세서(별지 제25호의3 서식) 4. 운용소득 사용명세서(별지 제25호의4 서식) 5. 주식(출자지분) 보유명세서(별지 제26호 서식) 6. 이사 등 선임명세서(별지 제26호의2 서식) 7. 특정기업광고 등 명세서(별지 제26호의3 서식) 8. 공익법인 등의 세무확인서, 공익법인 등의 세무확인 결과 집계표, 출연자 등 특수관계인 사용수익명세서, 수혜자 선정 부적정명세서, 재산의 운영 및 수익사업 내역 부적정명세서, 장부의 작성·비치의무 불이행명세서, 보유부동산명세서(외부전문가 세무확인대상인 경우로 한정합니다)	수수료 없 음

작 성 방 법

1. 인적사항(①~⑫)
   가. 인적사항란(①~⑦)은 제출일 현재의 현황을 기준으로 적습니다.
   나. ④사업연도란은 공익법인의 회계기간인 사업연도를 적습니다.
      예) 결산일이 없거나 12월말일인 경우 →'×1. 1. 1 ~ '×1. 12. 31
      결산일이 2월말일인 경우 → '×1. 3. 1 ~ '×2. 2. 28
   다. ⑧공익사업 유형란은 주된 공익사업의 유형을 선택하여 "○"표시를 합니다.
   라. ⑨외부세무확인대상란은 해당 공익법인 등이 「상속세 및 증여세법」 제50조에 따른 외부전문가 세무확인서 제출대상인지 여부를 표시합니다.
   마. ⑩수익사업 운영란은 「법인세법 시행령」 제2조에 따른 수익사업의 운영여부를 표시합니다.
   바. ⑪회계감사이행여부란은 「상속세 및 증여세법」 제50조 제3항에 따른 회계감사 이행여부를 표시합니다.(회계감사대상에 상관없이 회계감사를 받은 경우에는 '여'로 표시)
   사. ⑫성실공익법인여부란은 「상속세 및 증여세법」 제16조 제2항 및 같은 법 시행령 제13조 제3항 및 제5항에 따른 성실공익법인의 해당여부를 표시합니다.

2. 자산보유현황(⑬~⑱)
   가. 사업연도 종료일 현재 대차대조표의 각 자산종류별 장부가액(고유목적사업과 수익사업 등에 사용되는 모든 자산의 장부가액)을 적습니다.
   나. ⑬총자산가액란은 대차대조표상 총자산의 장부가액과 일치하여야 합니다.

3. 수입원천별 수입금액현황(⑲~㉘)
   가. 수입금액란은 수입총액을 적습니다.
   나. 필요경비란은 각 수입원천별 수입을 위하여 직접 소요된 원가·경비 등 비용을 적으며, 고유목적사업의 필요경비는 고유목적사업에 사용된 경비를 적습니다.
   다. 소득금액란은 수입금액에서 필요경비를 뺀 금액을 적습니다.
   라. 수입원천별 수입구분은 다음과 같습니다.
      (1) 금융(⑳~㉓): ㉑이자란은 예금의 이자 등을 적고(「법인세법」 제3조 제3항 제2호), ㉒배당란은 주식의 배당금 등을 적으며(「법인세법」 제3조 제3항 제3호), ㉓기타란은 주식과 채권 등의 매도에 따른 금액(「법인세법」 제3조 제3항 제4호 및 같은 법 시행령 제2조 제3항)을 적습니다.
      (2) 부동산(㉔~㉖): 부동산임대소득 및 부동산 매각금액(「법인세법」 제3조 제3항 제1호·제5호)을 적습니다.
      (3) 기타수익사업(㉗): 부동산임대소득 외의 수익사업의 금액(「법인세법」 제3조 제3항 제1호·제5호)을 적습니다.
      (4) 고유목적사업(㉘): 금융·부동산 또는 수익사업 외의 것으로서 고유목적사업의 수입금액과 필요경비를 적습니다.
      예) 회비수입, 교비수입, 기부금수입(출연받은 재산) 등

Ⅵ. 공익법인의 세무확인서

1. 공익법인 세무확인

공익법인 등은 과세기간별 또는 사업연도별로 출연받은 재산의 공익목적사업 사용 여부 등에 대하여 대통령령으로 정하는 기준에 해당하는 2명 이상의 변호사, 공인회계사 또는 세무사를 선임하여 세무확인을 받아야 한다. 여기서 외부전문가는 변호사·공인회계사·세무사를 말한다.

2. 외부전문가의 선임제한

외부전문가의 세무확인은 공익법인으로부터 업무수행상 독립되어야 하므로 외부전문가가 다음에 해당하는 경우에는 선임할 수 없다. 예를 들어, 출연자 등 또는 그가 경영하는 회사와 소송대리, 회계감사, 세무대리, 고문 등의 거래가 있는 사람은 세무확인을 할 수 없다.

3. 세무확인의 예외조항

자산 규모, 사업의 특성 등을 고려하여 대통령령으로 정하는 공익법인 등은 외부전문가의 세무확인을 받지 아니할 수 있다. ① 외부전문가의 세무확인을 받아야 하는 과세기간 또는 사업연도의 종료일 현재 대차대조표상 총자산가액(부동산의 경우 법 제60조·제61조 및 제66조에 따라 평가한 가액이 대차대조표상의 가액보다 큰 경우에는 그 평가한 가액을 말한다)의 합계액이 5억원 미만인 공익법인 등, ② 불특정다수인으로부터 재산을 출연받은 공익법인 등(출연자 1명과 그의 특수관계인이 출연한 출연재산가액의 합계액이 공익법인등이 출연받은 총재산가액의 100분의 5에미달하는 경우로 한정한다), ③ 국가 또는 지방자치단체가 재산을 출연하여 설립한 공익법인등으로서 「감사원법」 또는 관련 법령에 따라 감사원의 회계검사를 받는 공익법인 등이 이에 해당한다.

4. 세무확인의 내용

외부전문가가 확인할 세무확인의 내용은 다음과 같다.

1. 출연재산의 3년내 공익목적 사용여부 및 사용내역의 적정 여부
2. 출연재산의 사용계획 및 진도현황
3. 매각자산 및 사용명세
4. 운용소득의 직접 공익목적 사용명세
5. 출연받은 재산의 운영 및 수익사업내역의 적정성 여부
6. 장부의 작성·비치의무의 준수여부
7. 공익법인등의 수혜자 선정의 적정성 여부

5. 외부전문가의 의무

외부전문가는 세무확인에 있어 직무상 의무를 성실히 수행하여야 한다. 만약 외부전문가가 의무위반으로 처벌을 받은 경우 3년간 공익법인의 세무확인 업무를 할 수 없다.

■ 상속세 및 증여세법 시행규칙 [별지 제32호서식] 〈신설 2012. 2. 28〉

공익법인 등의 세무확인서

※ 뒤쪽의 작성방법을 읽고 작성하여 주시기 바랍니다. (앞 쪽)

① 사업자등록번호		② 법 인 명	
③ 대 표 자 성 명		④ 전 화 번 호	
⑤ 소 재 지		⑥ 사 업 목 적	
⑦ 사 업 연 도		⑧ 설 립 근 거 법	

1. 자산보유현황

구 분		금 액
⑨총 자 산 가 액		
자 산 종류별	⑩ 토 지	
	⑪ 건 물	
	⑫ 예·적금등 금융자산	
	⑬ 주 식	
	⑭ 기 타	

2. 수입금액 현황

구 분		금 액
⑮총 수 입 금 액		
수 입 원천별	⑯ 금 융	
	⑰ 부동산	
	⑱ 기타 수익사업	
	⑲ 고유목적사업	

3. 세무확인결과

⑳ 위 반 금 액	㉑외부전문가 종합의견

4. 외부전문가의 인적사항

㉒구 분	㉓성 명	㉔사업자등록번호

「상속세 및 증여세법」 제50조 제2항 및 같은 법 시행령 제43조 제6항에 따라 보고합니다.

년 월 일

공익법인 대표자 성명 (서명 또는 인)

세무확인자 성명 (서명 또는 인)

세무확인자 성명 (서명 또는 인)

세무서장 귀하

제출서류	1. 공익법인 등의 세무확인 결과집계표(별지 제32호서식 부표 1) 2. 출연자 등 특수관계인 사용수익명세서(별지 제32호서식 부표 2) 3. 수혜자 선정 부적정 명세서(별지 제32호서식 부표 3) 4. 재산의 운용 및 수익사업 부적정명세서(별지 제32호서식 부표 4) 5. 장부의 작성·비치 의무불이행 등 명세서(별지 제32호서식 부표 5) 6. 보유부동산 명세서(별지 제32호서식 부표 6) 7. 공익법인 등의 결산서(대차대조표, 손익계산서 또는 수지계산서)	수수료 없 음

■ 상속세 및 증여세법 시행규칙[별지 제32호서식 부표 1] 〈신설 2012. 2. 28〉

공익법인 등의 세무확인 결과 집계표

<table>
<tr><td>사업연도</td><td></td><td>공익법인명</td><td></td><td>사업자등록번호</td><td></td></tr>
<tr><td colspan="6">(단위: 원)</td></tr>
</table>

<table>
<tr><td rowspan="2">구분</td><td>세 무 확 인 항 목</td><td>적정여부
⑮</td><td>위반금액
⑯</td></tr>
<tr><td>① 합 계</td><td></td><td></td></tr>
<tr><td rowspan="8">출연재산
보고 등</td><td>②공익법인 출연재산 등에 대한 보고서
[별지 제23호서식]</td><td></td><td></td></tr>
<tr><td>③출연재산·운용소득·매각대금의 사용계획 및 진도내역서
[별지 제24호서식]</td><td></td><td></td></tr>
<tr><td>④출연받은 재산의 사용명세서
[별지 제25호의2서식]</td><td></td><td></td></tr>
<tr><td>⑤재산 매각대금 사용명세서
[별지 제25호의3서식]</td><td></td><td></td></tr>
<tr><td>⑥운용소득의 직접공익목적사업 사용명세서
[별지 제25호의4서식]</td><td></td><td></td></tr>
<tr><td>⑦주식(출자지분) 보유명세서
[별지 제26호서식]</td><td></td><td></td></tr>
<tr><td>⑧이사 등 선임명세서
[별지 제26호의2서식]</td><td></td><td></td></tr>
<tr><td>⑨특정기업을 위한 광고 등 명세서
[별지 제26호의3서식]</td><td></td><td></td></tr>
<tr><td rowspan="5">외부전문가의
세무확인</td><td>⑩출연자 등 특수관계인 사용수익 명세서
[별지 제32호서식 부표 2]</td><td></td><td></td></tr>
<tr><td>⑪수혜자 선정 부적정 명세서
[별지 제32호서식 부표 3]</td><td></td><td></td></tr>
<tr><td>⑫재산의 운용 및 수익사업 내역 부적정 명세서
[별지 제32호서식 부표 4]</td><td></td><td></td></tr>
<tr><td>⑬장부의 작성·비치 의무 불이행 명세서
[별지 제32호서식 부표 5]</td><td></td><td></td></tr>
<tr><td>⑭ 보유부동산 명세서 [별지 제32호서식 부표 6]</td><td></td><td></td></tr>
<tr><td colspan="4">세무확인자 성명 (서명 또는 인)
성명 (서명 또는 인)</td></tr>
</table>

<table>
<tr><td>작 성 방 법</td></tr>
<tr><td>가. ⑮란은 공익법인 제출서류의 관련 법 규정에 대한 위반 여부 등 세무확인 결과를 적습니다.
나. ⑯란은 「상속세 및 증여세법」 제48조에 따라 증여세가 과세되거나 가산세가 부과되는 사유에 해당하거나 같은 법 제51조를 위반한 경우 해당 출연재산의 가액 또는 운용소득금액 및 지출비용 등을 적습니다.</td></tr>
</table>

Ⅶ. 결산서류 등의 공시의무

공익법인등 다음의 서류 등을 해당 공익법인 등의 과세기간 또는 사업연도 종료일부터 4개월 이내에 대통령령으로 정하는 바에 따라 국세청의 인터넷 홈페이지에 게재하는 방법으로 공시하여야 한다.

[공익법인의 공시대상 서류(상속세 및 증여세법 제50조의3)]

1. 대차대조표
2. 손익계산서(손익계산서에 준하는 수지계산서 등을 포함한다)
3. 기부금 모집 및 지출 내용
4. 해당 공익법인등의 대표자, 이사, 출연자, 소재지 및 목적사업에 관한 사항
5. 주식보유 현황 등 대통령령으로 정하는 사항

국세청장은 공익법인 등이 공시대상 결산서류 등을 공시하지 아니하거나 그 공시 내용에 오류가 있는 경우에는 해당 공익법인 등에 대하여 1개월 이내의 기간을 정하여 공시하도록 하거나 오류를 시정하도록 요구할 수 있다.

결산서류 등을 공시하지 아니하거나 공시 내용에 오류가 있는 경우로서 국세청장의 공시 또는 시정 요구를 지정된 기한까지 이행하지 아니하는 경우에는 공시하여야 할 과세기간 또는 사업연도의 종료일 현재 그 공익법인 등의 자산총액의 1천분의 5에 상당하는 금액의 가산세를 부과한다.

공익법인 결산서류 등의 공시

※ 제3쪽의 작성방법을 읽고 작성해 주시기 바랍니다.
※ [ ]에는 해당되는 곳에 √표를 합니다.

(제1쪽)

<table>
<tr><td colspan="4">1. 기본사항</td></tr>
<tr><td colspan="3">사업연도(과세기간): 년 월 일 ~ 년 월 일</td><td>[ ] 정기공시 [ ] 해산공시</td></tr>
<tr><td>① 공익법인명</td><td></td><td>② 사업자등록번호 (고유번호)</td><td></td></tr>
<tr><td>③ 대표자</td><td></td><td>④ 설립연월일</td><td></td></tr>
<tr><td>⑤ 소재지</td><td></td><td>⑥ 전화번호/팩스</td><td>/</td></tr>
<tr><td>⑦ 홈페이지주소</td><td></td><td>⑧ 전자우편주소</td><td></td></tr>
<tr><td>⑨ 공익사업유형</td><td></td><td>⑩ 설립근거법</td><td></td></tr>
<tr><td>⑪ 주무관청</td><td></td><td>⑫ 기부금(단체) 유형</td><td>[ ]법정 [ ]지정 [ ]기타</td></tr>
<tr><td>⑬ 설립주체</td><td colspan="3">[ ]개인+가족 [ ]기업 [ ]기업+개인 [ ]종교단체 [ ]지역사회 [ ]국가, 지방자치단체
[ ]기타</td></tr>
<tr><td>⑭ 단체유형</td><td colspan="3">[ ]재단법인 [ ]사단법인 [ ]사회복지법인 [ ]학교법인 [ ]의료법인
[ ]종교법인 [ ]인가단체 [ ]법인의 지점 [ ]공공기관 [ ]기타</td></tr>
<tr><td rowspan="2">⑮ 이사 수</td><td rowspan="2">명</td><td>⑯ 고용직원 수</td><td>명</td></tr>
<tr><td>⑰ 자원봉사자 수</td><td>명</td></tr>
<tr><td colspan="4">2. 고유목적사업 현황</td></tr>
</table>

3. 자산보유현황

(단위: 원)

<table>
<tr><td colspan="6">⑱ 총자산가액</td><td rowspan="2">㉕ 부채</td><td rowspan="2">㉖ 순자산 (자본)</td></tr>
<tr><td>⑲ 합 계</td><td>⑳ 토지</td><td>㉑ 건물</td><td>㉒ 주식 및 출자지분</td><td>㉓ 금융자산</td><td>㉔ 기타 자산</td></tr>
<tr><td></td><td></td><td></td><td></td><td></td><td></td><td></td><td></td></tr>
</table>

4. 수입원천별 수입금액 현황

(단위: 원)

<table>
<tr><td rowspan="3">구분</td><td rowspan="3">㉗ 소득 금액</td><td colspan="4">㉘ 수입금액</td><td colspan="3">㉝ 필요경비</td></tr>
<tr><td>㉙ 고유목적 사업소계</td><td>㉚ 기부금</td><td>㉛ 보조금</td><td>㉜ 기타 고유목적 사업수입</td><td>㉞ 고유목적 사업소계</td><td>㉟ 목적 사업비</td><td>㊱ 일반 관리 및 모금비</td></tr>
<tr><td>㊲ 수익사업 소계</td><td>㊳ 금융</td><td>㊴ 부동산</td><td>㊵ 기타 수익사업</td><td colspan="3">㊶ 수익사업 소계</td></tr>
<tr><td>ⓐ 총계 (ⓐ=ⓑ+ⓒ)</td><td></td><td></td><td></td><td></td><td></td><td></td><td></td><td></td></tr>
<tr><td>ⓑ고유 목적사업</td><td></td><td></td><td></td><td></td><td></td><td></td><td></td><td></td></tr>
<tr><td>ⓒ 수익사업</td><td></td><td></td><td></td><td></td><td></td><td colspan="3"></td></tr>
</table>

5. 고유목적사업 세부현황

㊷ 사업내용
[ ]예술, 문화, 스포츠 [ ]학교 경영 및 교육연구 [ ]학자금, 장학금지원 [ ]병원경영, 의료, 보건
[ ]사회복지 [ ]환경, 동식물보존, 유물 [ ]지역개발, 주거/자원봉사 [ ]법률, 정치 [ ]모금및배분
[ ]국제개발, 해외원조 [ ]종교의 보급 및 활동 [ ]경제 산업, 고용 [ ]기타

㊸ 사업대상
[ ]모두 해당 [ ]아동 [ ]청소년 [ ]노인 [ ]장애인 [ ]외국인 [ ]가족, 여성 [ ] 일반대중 [ ]기타

㊹ 국내 주요 사업지역
[ ]전국 [ ]서울 [ ]부산 [ ]인천 [ ]대전 [ ]광주 [ ]대구 [ ]울산 [ ]강원 [ ]경기
[ ]경남 [ ]경북 [ ]충남 [ ]충북 [ ]전남 [ ]전북 [ ]세종 [ ]제주 [ ]해당 없음

㊺ 국외 주요 사업지역
[ ]전세계 [ ]유럽 [ ]아시아 [ ]북아메리카 [ ]아프리카 [ ]오세아니아 [ ]남아메리카
[ ]해당 없음

㊻ 사회복지법인, 장학재단, 재단법인의 경우
고유목적사업의 사업별 실적(사업명, 사업지역, 수혜인원, 사업내용, 사업비)을 적습니다.

1	사업명		사업비	원
사업 실적				
2	사업명		사업비	원
사업 실적				
3	사업명		사업비	원
사업 실적				
4	그 외 사업	개	사업비	원
합계	총 목적사업	개	사업비 합계	원

「상속세 및 증여세법 시행령」 제43조의3 제5항에 따라 공익법인 등의 결산서류 등을 공시합니다.

년 월 일

법인명

제출서류	없음	수수료 없음

작 성 방 법

※ 이 서식은 결산서류 등의 공시대상 과세기간 또는 사업연도의 종료일 현재 대차대조표 상 총자산가액(부동산인 경우 「상속세 및 증여세법」 제60조, 제61조, 제66조에 따라 평가한 가액이 대차대조표상의 가액보다 크면 그 평가한 가액)이 5억원 미만이면서 수입금액과 해당 사업연도에 출연받은 재산의 합계액이 3억원 미만인 공익법인과 「상속세 및 증여세법 시행령」 제12조 제1호에 따른 공익법인(종교법인)이 작성하는 서식입니다.

1. 기본사항
   가. 해산(등기)일이 속하는 사업연도(과세기간)에 대하여 공시하는 경우 "해산공시"에, 그 외의 경우 "정기공시"에 √표를 합니다.
   나. ⑨란의 공익사업유형은 1. 교육 2. 학술·장학 3. 사회복지 4. 의료 5. 문화 6. 기타 중에서 하나를 선택하여 적습니다.
   다. "⑩ 설립근거법"은 해당 법률을 모두 적습니다. 예) 학교법인 xxx학원의 경우 : 「민법」 제32조, 「사립학교법」
   라. "⑫ 기부금(단체) 유형"란은 해당 공익법인이「법인세법」 제24조 제2항에 따른 법정기부금 대상 단체인 경우 "법정"에,「법인세법」 제24조 제1항에 따른 지정기부금 대상 단체인 경우 "지정"에, 그 밖의 경우 "기타"에 √표를 합니다.
   마. "⑬ 설립주체"란은 설립주체(기본재산 출연자)에 √표를 합니다.
      ※ 설립주체
      - (개인+가족) 개인 또는 가족이 설립한 단체, (기업) 기업이 설립한 단체
      - (기업+개인) 기업과 개인이 함께 설립한 단체, (종교단체) 종교인 또는 종교단체가 설립한 단체
      - (지역사회) 특정 행정구역에 속한 주민이 설립한 단체, (국가, 지방자치단체) 국가, 지방자치단체 및 공공기관이 설립한 단체
      - (기타) 위 외의 경우
   바. "⑭ 단체유형"란은 해당되는 단체유형에 모두 √표를 합니다.(※ 인가단체: 지정기부금 단체 중 법인 아닌 단체)
   사. "⑮ 이사 수"란은 등기사항증명서상 이사 수를 적습니다.
   아. "⑯ 고용직원 수"란은 고용보험에 가입한 직원 수(학교법인의 경우 사학연금가입자 포함)를 적습니다.
   자. "⑰ 자원봉사자 수"란은 연간 1회 이상 자원봉사한 사람의 수를 적습니다.

2. 고유목적사업 현황
   가. 고유목적사업의 주요 업무, 실적 및 향후계획을 적습니다.

3. 자산보유현황
   가. ⑱란의 총자산가액은 사업연도 종료일 현재 대차대조표상 총자산가액을 적습니다.
   나. ⑳란부터 ㉔란까지의 자산종류별 가액은 과세기간 또는 사업연도의 종료일 현재의 대차대조표상 해당 계정과목의 금액을 적습니다.
   다. "㉕ 부채"란은 사업연도 종료일 현재 대차대조표상 부채가액을 적습니다.
   라. ㉖ 란의 순자산(자본)은 총자산가액에서 부채를 차감하여 적습니다.

4. 수입원천별 수입금액 현황
   가. "㉗ 소득금액"란은 "㉘ 수입금액"에서 "㉝ 필요경비"를 차감하여 적습니다.

나. "㉘ 수입금액"란과 "㉝ 필요경비"란은 고유목적사업의 수입금액(기부금, 보조금, 기타고유목적사업수입)과 필요경비 (목적사업비, 일반관리 및 모금비), 수익사업의 수입금액(금융, 부동산, 기타수익사업)과 필요경비를 각각 적습니다.

다. "㉛ 보조금"란은 국가 및 지방자치단체로부터 받은 보조금을 적습니다.

라. "㉜ 기타고유목적사업수입"란은 기부금, 보조금 외의 고유목적사업의 수입금액을 적습니다.

마. "㉟ 목적사업비"란은 공익법인의 정관상 고유목적사업을 위해 발생한 총 비용을 적습니다. 다만, 법인세법상 수익사업은 제외하며, "기부금품의 모집 및 사용에 관한 법률」에 따른 모집비용"과 "기타모금비용"란은 "일반관리 및 모금비"란에 적습니다. 예) 장학재단: 장학금지급비용 등, 사회복지법인: 아동, 노인 등에 대한 사회복지사업 비용 등

바. "㊱ 일반관리 및 모금비"란은 공익법인의 정관상 고유목적사업을 관리·지원하기 위한 단체 운영 및 모금활동 관련 총 지출금액을 적습니다.

사. "㊳ 금융"란은 이자, 배당 수입금액과 주식 및 채권 등의 매도에 따른 금액의 합계를 적습니다.

아. "㊴ 부동산"란은 부동산 임대·매각소득의 금액을 적습니다.

자. "㊵ 기타수익사업"란은 금융수입·부동산 임대·매각소득 외의 수익사업의 금액을 적습니다.

※ "㉟ 목적사업비"란 및 "㊱ 일반관리 및 모금비"란은 「상속세 및 증여세법 시행규칙」별지 제31호서식 및 해당 서식의 작성방법을 참고하여 구분 적습니다.

※ "고유목적사업"은 공익법인의 정관상 목적사업을 말하며, 「법인세법」상 수익사업은 제외합니다.

※ "수익사업"은 「법인세법」 제3조 제3항에 열거된 수익사업을 말합니다

5. 고유목적사업 세부현황

가. [ ]에는 해당되는 곳에 모두 √표를 합니다.

나. ㊻란은 사회복지법인, 장학재단, 재단법인의 경우 고유목적사업의 사업별 실적(사업명, 사업지역, 수혜인원, 사업내용, 사업비)을 적습니다. 다만 사업이 3개 이상인 경우 사업비가 많은 3개 사업의 사업실적을 적습니다.

라. ㊻란의 사업비 합계는 ㉟ 목적사업비와 일치해야 합니다.

부록

중요사항에 대한 문제와 풀이

객관식 유형

문 1. 다음은 비영리법의의 종류 등에 대하여 기술한 것이다. 가장 옳지 않은 것은?

① 비영리법인은 공익목적을 수행하기 위하여 설립된 법인을 의미한다.

② 민법에서는 학술, 종교, 자선, 기예 등이 비영리법인의 법인의 목적사업으로 기술되어 있다.

③ 우리나라에서는 비영리법인의 설립에 있어서 주무관청의 허가를 받아야 한다.

④ 비영리법인의 형태는 크게 사단법인과 재단법인으로 구분된다.

문 2. 다음은 법인세법상의 비영리법인에 속하기 어려운 것은?

① 종교단체

② 아파트 입주자대표자회의

③ 사교를 목적으로 설립된 법인으로 주무관청의 허가를 받은 단체

④ 한국전력공사법에 의해 설립된 한국전력공사

문 3. 다음은 사단법인과 재단법인에 대한 설명이다. 다음 중 가장 옳지 않은 것은?

① 사단법인과 재단법인은 권리능력이 있으며, 이 중에는 불법행위능력을 포함한다.

② 사단법인의 최고 의결기구는 사원총회이다.

③ 재단법인은 사원총회가 없으며, 이사가 대표기관의 역할을 한다.

④ 정관에 정하고 있는 경우 영리목적의 재단법인을 설립할 수 있다.

문 4. 공익법인 등에 대한 설명으로 가장 타당하지 않은 것은?

① 「상속세 및 증여세법」에 의한 공익법인과 「공익법인의 설립운영에 관한 법률」에 의한 공익범위의 범위는 다르다.

② 사업복지사업법의 규정에 의해 운영되는 법인은 「상속세 및 증여세법」에 의한 공익법인에 해당된다.

③ 정당은 「공익법인의 설립운영에 관한 법률」에 의한 공익법인에 해당된다.

④ 지방법세상의 규정하고 있는 비영리사업자의 범위와 법인세법에서 정하는 비영리법인의 범위가 다르다.

문 5. 다음 중 비영리법인의 설립에 대한 설명 중에서 가장 타당하지 않은 것은?

① 학술사업을 영위하는 비영리법인의 주무관청이 반드시 교육부인 것은 아니다.

② 비영리법인 설립시에 주무관청의 허가를 받은 후에 정관을 작성하여야 한다.

③ 비영리법인의 경우 확보된 재원이 충분하지 않은 경우 설립하지 못할 수 있으며, 여기서 확보된 재원은 목적사업에 따라 다르다.

④ 비영리법인의 설립시에 감사가 선임되지 않는 경우가 있다.

문 6. 정관은 비영리법인의 구성·운영 등의 사항을 정한 근본규칙이다. 정관에는 반드시 포함되어야 하는 필수적 기재사항이 있다. 다음 중에서 사단법인 정관의 필수적 기재사항에는 포함하나 재단법인 정관의 필수적 기재사항에는 포함하지 않는 것은?

① 명칭

② 존립시기나 해산사유를 정하는 때에 그 시기 또는 사유

③ 이사의 임면에 관한 규정

④ 자산에 관한 규정

문 7. 비영리법인의 설립과 관련하여, 설립 및 설립자 등에 관한 설명으로 가장 타당하지 않은 것은?

① 출연재산 중에서 1년 이상 보유한 주식은 액면가액을 기준으로 평가한다.

② 재단법인의 설립자는 정관을 통하여 자신의 후계자 또는 기관구성원을 명시적으로 지정할 수 없다.

③ 출연재산은 비영리법인의 재무제표에서 기본금을 구성한다.

④ 비영리법인 중에서 해당요건을 충족하는 경우 주무관청에 지정기부금단체로 추천해 줄 것을 요청할 수 있다.

문 8. 정관에 대한 설명으로 옳지 않은 것은?

① 사단법인의 설립시에는 1인 이상의 발기인이 서면으로 기명날인하여야 한다.

② 재단법인의 설립행위는 유언으로도 할 수 있다.

③ 학술, 종교, 자선, 기예 등을 목적으로 하지 않는 사업을 영위하는 경우에도 비영리법인을 설립할 수 있다.

④ 보통재산은 정관의 기재사항이 아니다.

문 9. 비영리법인의 정관에 대한 설명으로 가장 타당하지 않은 것은?

① 비영리법인의 정관은 주무관청의 허가를 받을 때 제3자에 대한 대항능력이 생긴다.

② 임의적 기재사항도 필수적 기재사항과 마찬가지로 정관의 변경절차를 거쳐야 한다.

③ 재단법인의 정관은 원칙적으로 변경되지 않지만, 정관에 변경에 관하여 정하고 있는 경우에는 변경할 수 있다.

④ 정관에는 기본재산에 관한 내용을 포함한다.

문 10. 지정기부금단체의 신청과 관련하여 가장 옳지 않은 것은?

① 사회적협동조합의 경우 이익을 구성원에 분배하는 경우에도 지정기부금단체로 지정받을 수 있다.

② 기획재정부 장관이 지정기부금단체로 지정한 날 이전에 기부한 기부금에

대하여는 기부자가 세제혜택을 받을 수 없다.

③ 사립대학이 설립한 산학협력단의 경우 지정기부금단체로 지정해줄 것을 주무관청에 요청하지 않아도 지정기부금단체에 해당된다.

④ 지정기부금단체로 지정받기 위해서는 반드시 홈페이지를 개설해야 한다.

문 11. 비영리법인의 회계순환과정은 예산, 회계, 결산의 과정을 거친다. 이와 관련하여 가장 타당하지 않은 것은?

① 예산은 회계연도 이전에 심의기구의 의결을 통하여 확정된다.

② 준예산의 목적은 수입과 지출에 편성된 예산과 실제 수입과 지출의 차이가 크게 발생하는 문제를 해결하기 위하여 고안된 것이다.

③ 비영리법인은 예산과 결산을 주무관청에 보고할 의무가 있다.

④ 산학협력단회계에서 변동예산은 주무관청의 사전승인을 받지 않아도 된다.

문 12. 사립대학의 재무제표에서 출자금이 의미하는 것에 해당하는 것은?

① 수익사업회계의 기본금

② 기금회계에서 자본시장법에 의한 유가증권을 취득한 금액을 공정가치로 평가한 금액.

③ 수익용기본재산으로 보유한 투자유가증권

④ 학교기업에 출자한 금액의 공정가치

문 13. 공익법인의 설립시에는 충분한 재원이 확보되는지 여부를 평가하여 허가한다. 다음 중에서 옳지 않은 것은?

① 사립대학을 설립하기 위해서는 최소 300억원의 수익용기본재산을 확보하여야 한다.

② 비영리재단법인을 설립하기 위해서는 출연된 재원 또는 회비 등으로 조성되는 재원이 목적사업을 달성하기 충분하여야 설립할 수 있다.

③ 비영리법인의 목적사업이 2개 이상의 주무관청의 소관에 속하는 경우 설립을 신청받은 주무관청은 다른 주무관청과 협의하여 설립을 허가하여야 한다.

④ 비영리법인의 설립시 주무관청에 따라 허가요건이 다를 수 있다.

문 14. 다음 중에서 법령(시행령, 시행규칙, 고시를 포함)에 의한 비영리기관 회계처리규칙 중에 하나가 아닌 것은?

① 사학기관 재무·회계 규칙에 대한 특례규칙

② 시민사회단체 회계처리 규정

③ 의료기관 회계기준 규칙

④ 산학협력단 회계처리규칙

문 15. 다음 중 의료기관 회계기준 규칙에서 정하고 있는 재무제표가 아닌 것은?

① 재무상태표

② 운영성과표

③ 손익계산서

④ 기본금변동계산서

문 16. 사립대학교의 회계는 크게 법인회계(수익사업회계 제외)와 교비회계로 구분할 수 있다. 이때 다음 항목 중에서 법인회계에서 나타날 것으로 기대하기 어려운 계정과목은 어떤 것인가?

① 토지

② 설치학교

③ 출자금

④ 집기와 비품

문 17. 다음 중에서 사회복지법인 및 사회복지시설 재무·회계규칙에서 규정하고 있는 회계단위가 아닌 것은 무엇인가?

① 법인회계

② 시설회계

③ 기금회계

④ 수익사업회계

※ 자유학원(학)은 4년제 대학인 자유대학을 운용하는 법인이다. 자유학원(학) 재무제표의 일부이다. 자유학원(학)은 부속병원을 운용하지 않는다. 이를 문제 18부터 23번에 답하라.

법인회계

법인일반		수익사업 회계	
〈자산항목〉		〈자산항목〉	
설치학교	1,250,000	자산총액	4,480,000
투자유가증권	480,000		
자산총액	3,840,000		
기타항목 생략		기타항목 생략	
〈부채및기본금〉		〈부채및기본금〉	
		부채총계	2,350,000
기타항목 생략		기본금	1,150,000
		기타항목 생략	
〈운영계산서〉		〈손익계산서〉	
기타항목 생략		기타항목 생략	

교비회계

등록금회계		비등록금회계	
〈자산항목〉		〈자산항목〉	
자산총액	6,300,000	자산총액	3,450,000
토지	580,000	임의기금	2,600,000
건물	1.400,000		
감가누계액	(620,000)		
기타항목 생략		기타항목 생략	
〈부채및기본금〉		〈부채및기본금〉	
부채총계	4,350,000	부채총계	2,350,000
기본금	950,000	기본금	1,250,000
기타항목 생략		기타항목 생략	
〈운영계산서〉		〈운영계산서〉	
경상비전입금	100	법정부담전입금	850,000
경상비전출금	200	제적립금대체액	250,000
		운영차액대체액	450,000
기타항목 생략			
		기타항목 생략	

문 18. 자유학원(학)의 합산재무제표상의 자산총액은 얼마로 나타나는가?

① 18,070,000 ② 16,920,000
③ 13,590,000 ④ 12,340,000

문 19. 자유학원(학)의 법인일반회계의 출자금은 얼마로 추정되는가?

① 480,000 ② 1,150,000
③ 950,000 ④ 450,000

문 20. 생략된 계정과목 중에서 법정부담전출금은 어떠한 회계에서 나타날 것으로 예상되는가?

① 법인일반 ② 수익사업회계
③ 등록금회계 ④ 교비회계

문 21. 자유학원(학)의 전기 재무제표에서 임의적립금은 얼마였던 것으로 추정되는가? 자유학원(학)은 학교기업과 자본시장법에 의한 유가증권에 투자하고 있지는 않다.

① 2,400,000 ② 2,500,000
③ 2,700,000 ④ 2,800,000

문 22. 자유대학의 총동창회장은 학교 이사장 및 총장과 만나서, 총동창회에서 모금한 1,000원을 기부하기로 약정하였다. 그리고 같은 날 기부금 1,000원을 법인계좌에 기탁하였다. 이때 기탁된 기부금수익은 어떠한 회계에 귀속되는가?

① 법인일반 ② 수익사업회계
③ 등록금회계 ④ 비등록금회계

문 23. 자유대학에 재학 중인 30명의 학생들은 학기가 시작하기 전인 2월달에 등록금 3,000원을 납부하였다. 그리고 학기 시작된 후에 17명의 학생들이 등록하여 등록금 1,700원을 납부하였다. 이 중에서 2명의 학생을 휴학하였다. 한편, 자유대학에서 운영하는 어학원에 50명의 인원이 학기 시작 전에 50원을 수강료로 납부하였다. 이 중에서 10명은 환불을 요청하여 학기가 시작된 후에 환불하였다. 자유대학의 등록금회계에 계상되는 등록금수입은 얼마인가?

① 4,700 ② 4,500

③ 4,550 ④ 4,540

문 24. 한국병원은 00년도와 01년에 건강보험심사평가원에 환자본인부담분을 제외한 건강보험관리공단부담분을 각각 7,500원과 8,500원을 청구하였다. 이와 관련한 00년도와 01년도의 환자본인부담분은 각각 3,000원과 4,000원이었다. 한편, 00년도에 공단부담분 청구분 중에서 800원이 삭감되어서, 삭감분 중 700원에 대하여 이의신청하여 01년도에 400원, 다음연도인 02년도에 200원을 수령하였다. 01년도에 청구분에서는 1,000원이 삭감되었으며, 02년도에 이 중 700원에 해당하는 이의신청분이 받아들여져 수령하였고, 나머지 300원에 대한 이의신청은 받아들여지지 않았다. 한국병원의 01년 재무제표에 계상되는 의료수익은 얼마인가?

① 11,900 ② 13,200

③ 14,200 ④ 13,900

문 25. 사회복지법인을 운용하는 돌봄(재)의 수익과 비용은 다음과 같이 분류될 수 있다. 돌봄(재)에서 별도의 세무조정항목을 발생하지 않는다고 가정한다. 이때 돌봄(재)이 설정할 수 있는 고유목적사업준비금은 얼마인가?

구 분	이자소득	배당소득	부동산임대
수익	250	100	1,000
비용	–	–	750
이익	250	100	250

① 350 ② 475

③ 550 ④ 600

문 26. A의료재단의 당기 중 고유목적사업준비금과 의료발전준비금의 변동내역의 일부는 다음과 같다. 당기 중 의료발전준비금 회계에서 취득한 의료기구에 대한 감가상각비는 30,600,000이었다. 그리고 과거 의료발전준비금회계에서 취득한 의료자산을 당기에 처분하였는데, 처분한 의료장비의 미상각잔액은 12,000,000이었다. A의료재단의 당기말 의료발전준비금 잔액은 얼마가 되는가?

	고유목적사업준비금
기초	25,000,000
전입	45,000,000
대체	18,000,000
기말	52,000,000

	의료발전준비금
기초	88,000,000
대체	18,000,000
환입	42,600,000
기말	???

① 75,400,000　　② 94,000,000

③ 63,400,000　　④ 27,400,000

문 27. 문 26에서 고유목적사업준비금과 의료발전준비금의 전입과 환입으로 발생하는 손금과 익금의 상계금액은 얼마가 되는가?

① 손금　2,400,000　　② 손금　27,000,000

③ 익금　2,400,000　　④ 익금　27,000,000

문 28. A회사의 주식을 보유하고 있는 출연자 B씨는 보통주 100,000주와 우선주 30,000주를 공익법인에 해당하는 C재단에 출연하였다. 여기서 C재단은 성실공익법인이 아니며, B씨가 출연하는 주식은 한도초과분에 대하여는 증여세가 과세되는 대상이다. 보통주의 발행주식총수는 500,000주였으며, 우선주의 발행주식총수는 100,000주이다. 보통주의 액면가는 5,000원이며, 우선주의 액면가는 10,000원이다. 상증법상의 보통주 평가액은 12,000원이면 우선주의 평가액은 15,000원이다. B씨의 출연행위로 과세되는 증여세 과세표준은 얼마인가?

① 900,000,000　　② 375,000,000

③ 625,000,000　　④ 1,275,000,000

문 29. 법인세법상 비영리내국법인에 대한 설명으로 옳지 않은 것은?

① 비영리내국법인의 고유목적사업에 직접 사용되는 고정자산으로서 대통령령이 정하는 요건을 갖춘 경우 해당 자산의 처분으로 생기는 수입은 각 사업연도의 소득에 포함되어 과세되지 않는다.

② 모든 비영리내국법인은 복식부기의 방식으로 장부를 기장하고 이를 비치할 의무는 있지만, 이를 이행하지 않았을 경우에 무기장가산세의 부과대상은 아니다.

③ 비영리내국법인의 경우에는 국내뿐만 아니라 국외의 수익사업 소득에 대

해서도 각 사업연도의 소득으로 법인세가 과세된다.

④ 주식회사의 외부감사에 관한 법률 제3조에 따른 감사인의 회계감사를 받는 비영리내국법인이 법인세법 제29조에 따른 고유목적사업준비금을 세무조정계산서에 계상한 경우로서 그 금액에 상당하는 금액이 해당 사업연도의 이익처분에 있어서 그 준비금의 적립금으로 적립되어 있는 경우 그 금액은 손금으로 계상한 것으로 본다.

문 30. 비영리내국법인의 법인세 납세의무와 과세소득에 관한 설명으로 옳지 않은 것은?

① 출자지분의 양도로 인하여 생기는 수입과 정기예금에서 발생한 이자소득은 수익사업에서 생기는 소득에 포함된다.

② 고유목적사업준비금을 손금으로 계상한 사업연도의 종료일 이후 5년이 되는 날까지 고유목적사업 등에 사용하지 아니한 때에는 그 잔액을 익금에 산입한다.

③ 직전 사업연도 종료일 현재의 고유목적사업준비금잔액을 초과하여 고유목적사업 등에 지출한 금액은 이를 당해사업 연도에 계상할 고유목적사업준비금에서 지출한 것으로 봄

④ 손금으로 계상한 고유목적사업준비금으로서 각 사업연도의 소득금액 계산시 손금불산입된 금액은 그 이후의 사업연도에 있어서 이를 손금으로 추인할 수 있다.

문 31. 다음 중에서 공익법인의 납세협력의무에 속하지 않는 것은?

① 공익법인 출연재산 등에 대한 보고서 제출의무

② 외부전문가의 세무확인 및 보고의무

③ 공익법인 결산서류 공시의무

④ 출연재산 운용소득을 1년 이내에 70% 이상 직접공익목적에 사용

문 32. A재단은 2013년 출연받은 재산을 100억원에 매각하였다. 2014년에 20억원 2015년에 40억원, 2016년에 20억원을 공익목적에 직접 사용하였다. 이때 A재단이 부담할 증여세와 가산세의 합은 얼마인가?

증여세세율은 다음과 같으며, 다른 증여공제액은 없는 것으로 가정한다. 한편, 가산세 세율은 10%이다.

과세표준	세 율
1억 이하	10%
1억원 초과 5억 이하	1천만원+1억원 초과분에 대하여는 20%
5억원 초과 10억 이하	9천만원+5억원 초과분에 대하여는 30%
10억원 초과 30억 이하	2억 4천만원+10억원 초과분에 대하여는 40%

① 2.3억원 ② 2.4억원
③ 3.4억원 ④ 6.4억원

문 33. A재단은 전기($t=-1$)에 수익사업에 대한 법인세신고서상의 각 사업년도 소득금액은 240,000,000이였으며, 이 중에는 고유목적사업준비금 설정액 120,000,000원이 포함되어 있다. 전기의 법인세액은 48,000,000이였다. 그리고 직전전사업연도($t=-2$)에서 운용소득의 미달사용금액이 30,000,000이 있었다. A재단은 당기(t기)에 직접 공익목적에 사용한 금액은 112,000,000이었다. A재단에 부과되는 세금은 얼마인가? 증여세 세율은 문제 32번을 참조하라.

① 가산세 12,740,000 ② 증여세 64,800,000
③ 가산세 10,640,000 ④ 증여세 22,800,000

문 34. 사회복지법인을 운용하는 돌봄(재)의 수익과 비용은 다음과 같이 분류될 수 있다. 돌봄(재)에서 별도의 세무조정항목은 발생하지 않는다고 가정한다. 이때 돌봄(재)이 설정할 수 있는 고유목적사업준비금 설정대상한도 금액은 얼마인가?

구 분	이자소득	배당소득	부동산임대	부동산양도 (4년간 고유목적에 사용)
수익	250	100	1,000	600
비용	–	–	750	300
이익	250	100	250	300

① 475 ② 600
③ 625 ④ 900

문 35. 공익법인의 외부전문가 세무확인 등에 대하여 옳지 않은 것은?

① 불특정다수인으로부터 재산을 출연받은 공익법인을 외부전문가의 세무확인을 받지 않아도 된다. 이 경우 출연자와 그의 특수관계자에 있는 자가 출연한 재산가액이 총 출연재산가액의 3%에 미달하는 경우를 말한다.

② 상속세 및 증여세법에서는 자산총액 100억 이상의 공익법인에 외부회계감사를 받도록 하고 있으나, 이를 이행하지 않아도 가산세가 부과되지 않는다.

③ 국가로부터 출연받은 재산으로만 운용되고 있는 공익법인은 외부전문가의 세무확인서 제출의무가 면제된다.

④ 공익법인은 원칙적으로 2인 이상의 공인회계사, 세무사, 변호사로부터 출연재산의 사후관리 요건을 준수하고 있는지 여부에 대하여 세무확인을 받아서 사업연도 종료일로부터 3개월 이내에 납세지 관할 세무서장에게 제출하여야 한다.

문 36. 고유목적사업준비금은 결산조정을 하는 경우도 있으며, 어떠한 경우에는 신고조정이 허용된다. 당 법인은 당해연도에 결산조정으로 고유목적준비금을 반영하고 있다. 이때 설정한도는 100,000,000원이었으며, 법인은 법인세를 최소화하는 전략을 선택하고 있다. 그리고 다음해에 고유목적사업준비금으로 80,000,000을 사용하였다. 이 경우 당해연도와 다음연도의 법인세신고서상의 세무조정은 어떻게 되는가?

	당해연도	다음연도
①	세무조정 없음	세무조정 없음
②	손금산입 100,000,000 (△유보)	손금불산입 80,000,000 (유보)
③	손금불산입 100,000,000 (유보)	손금산입 80,000,000 (△유보)
④	손금불산입 50,000,000 (유보)	손금산입 50,000,000 (기타)

주관식 유형

문 1. 비영리법인의 정관은 등기할 때 제3자에게 대항할 수 있다. 여기서 대항의 의미를 약술하라.

문 2. A씨는 비영리법인의 설립자이다. A씨는 비영리법인을 설립한 후 지정기부금단체로 추천받기 위해 준비하고 있다. A씨가 지정기부금단체로 지정받기 위해 준비하는 주된 이유는 무엇이라고 생각하는가?

문 3. 한국은행은 A공익법인의 기본재산에 해당하는 부동산을 담보로 제공받고 50억원을 대출해주었다. 이때 A공익법인이 채무불이행하더라도 상기 부동산에 대하여 담보권을 행사하기 어려울 수 있다. 그 이유에 대하여 기술하시오.

문 4. 한경은행은 한국의료재단으로부터 의료장비구입을 위한 자금을 신용으로 빌려줄 것으로 요청받았다. 한경은행은 비영리법인에 대한 별도의 신용자금대출에 대한 규정은 없으나, 영리법인의 경우 부채비율이 200%를 초과하는 경우 또는 자산수익률(당기순이익/자산총액)이 1% 미만인 경우에 신용대출을 금지하고 있다. 한국의료재단은 150병상을 가지고 있는 종합병원이며, 재무제표에 대한 회계감사를 받았다. 당신이 한경은행의 여신담당자라면 한국의료재단이 요청한 신용대출을 승낙하겠는가? 승낙 또는 거부하는 경우 그 근거를 구체적으로 쓰시오?

재무상태표	
〈자산항목〉	
자산총액	3,840,000
〈부채및기본금〉	
자본총계	1,100,000
부채총계	2,740,000
의료발전준비금	150,000
고유목적사업준비금	100,000

손익계산서	
당기순이익	20,000
고유목적사업준비금전입액	22,000
고유목적사업준비금환입액	2,000
의료발전준비금전입액	10,000
의료발전준비금환입액	8,000

문 5. 다음은 2016년 비등록금회계 재무제표의 일부이다. 당기 중에서 운영계산서상의 운영차액대체액이 23,700,000이었으며, 당기 중에서 건물에 대한 감가상각비는 1,700,000이었으며, 건축기금 5,000,000을 인출하여 교사를 신축하는 데 사용하였다. 학교는 임의기금을 최대한 많이 적립하려는 정책을 취하고 있다. 이 경

우 운영계산서상의 제적립금대체액은 얼마로 추정되는가?

구 분	당 기	전 기
임의적립금 합계	??	35,400,000
1. 임의연구적립금	14,000,000	??
2. 임의건축적립금	??	15,000,000
3. 임의장학적립금	13,400,000	??
4. 임의기타적립금	3,600,000	??

문 6. A장학재단은 소규모 재단법인으로 금융자산에서 발생하는 이자소득과 기부금만으로 장학사업을 영위하고 있다. 법인세법에서는 이러한 이자소득 이외의 다른 수익사업이 없는 비영리법인의 법인세신고에 대한 2가지 특례를 인정하고 있다. 각각의 특례방법을 선택할 시의 장점은 무엇인가?

문 7. 2010년 12월 31에 종료하는 사업연도(법인세 과세표준 2억, 산출세액 20백만원)에 5천만원을 고유목적사업준비금으로 계상하였고 2015년 12월 31일로 종료하는 사업연도까지 4천만원만 고유목적사업비로 지출한 경우 2015사업연도에 대한 익금산입할 금액과 법인세 신고시 추가 납부하여야 할 이자상당액은 얼마인가? 2010년의 법인세율은 2억초과분에 대하여는 22%가 적용되었다.

문 8. 공익법인에 주식을 출연할 때 기대되는 효익(경영권의 확보의 측면에서)은 대규모기업집단과 중소기업의 경우에서 다르다. 어떠한 경우에 기대되는 효익이 크며 그 이유는 무엇인가?

객관식 유형 풀이

문 1. ① 비영리법인은 공익목적을 수행하기 위하여 설립된 법인을 의미한다.

[해설] 공익목적을 영위하지 않는 비영리법인도 존재한다. 예를 들어, 한국변호사협회는 공익목적의 법인으로 보기는 어렵다. 한국변호사협회는 변호사들의 이익의 추구를 도모하는 직능단체라고 할 수 있다. 하지만 사단법인 한국변호사협회는 이윤을 구성원에게 분배하지 않는다는 법인으로 비영리법인에 해당된다.

문 2. ④ 한국전력공사법에 의해 설립된 한국전력공사

[해설] 전력산업은 자연독점의 성격을 가지는 산업이다. 이러한 이유로 정부의 규제를 받는 공기업이다. 하지만 영리성 여부의 판단은 이윤을 구성원에게 분배하느냐이다. 한국전력공사법에 의해 설립된 한국전력공사는 유가증권시장에 상장된 주식회사이다. 따라서 한국전력공사는 비영리법인에 해당되지 아니한다.

문 3. ④ 정관에 정하고 있는 경우 영리목적의 재단법인을 설립할 수 있다.

[해설] 재단법인은 구성원인 사람이 존재하지 않는 재산의 집합체이다. 이것이 의미하는 것은 원천적으로 구성원에게 이윤을 배분하는 것이 불가능하다는 것이다. 따라서 영리목적의 재단법인을 설립될 수 없다.

문 4. ③ 정당은 「공익법인의 설립운영에 관한 법률」에 의한 공익법인에 해당된다.

[해설] 정당의 법적 지위는 적어도 그 소유재산의 귀속관계에 있어서는 법인격 없는 사단으로 보아야 한다(헌재 1993. 7. 29.). 즉, 정당은 사단법인의 바탕이 되는 단체를 이루고 있으나 실질적으로는 법인격을 갖추지 못한 사단이라고 할 수 있다. 따라서 완전한 형태의 법인이 아니다. 또한 공익법인은 학술, 종교, 자선, 기예, 사교 기타 영리아닌 사업을 목적으로 하는 사단 또는 재단은 주무관청의 허가를 얻어 이를 법인을 말하는데, 정당의 설립목적은 이와는 다르다.

문 5. ② 비영리법인 설립시에 주무관청의 허가를 받은 후에 정관을 작성하여야 한다.

[해설] 비영리법인은 정관을 작성한 후 주무관청의 허가를 신청하게 된다. 주무관청은 정관 등을 포함하여 비영리법인의 설립을 허가하게 된다.

문 6. ② 존립시기나 해산사유를 정하는 때에 그 시기 또는 사유

[해설] 민법 제43조에서 재단법인의 정관의 필수적 기재사항을 규정하고 있다. 여기에는 존립시기나 해산사유를 포함하고 있지 않다. 재단법인은 구성원이 없으므로 구성원의 결의에 의한 해산은 불가하다.

문 7. ② 재단법인의 설립자는 정관을 통하여 자신의 후계자 또는 기관구성원을 명시적으로 지정할 수 없다.

[해설] 재단법인은 정관을 통하여 설립자의 의사를 이어받을 수 있는 후계자 또는 기관구성원(이상)의 선출방법을 정하거나, 이에 더 나아가 명시적으로 지정하는 것도 가능하다. 이는 매우 중요한 사항으로 재단의 경영권을 상속할 수도 있다는 의미이다. 이러한 이유에서 재단법인을 통하여 사실상의 지주회사를 설립할 수 있으며, 상속세 및 증여세법에서 공익법인에 대한 의결권 있는 주식의 출연을 제한하는 것이다.

문 8. ① 사단법인의 설립시에는 1인 이사의 발기인이 서면으로 기명날인하여야 한다.

[해설] 사단법인은 사람들의 단체이다. 따라서 2인 이상의 발기인이 필요하다.

문 9. ① 비영리법인의 정관은 주무관청의 허가를 받을 때 제3자에 대한 대항능력이 생긴다.

[해설] 정관의 변경의 효력은 주무관청의 허가를 받으면 생기는 것이지만, 이를 제3자에게 대항하기 위해서는 변경사항을 등기하여야 한다.

문 10. ② 기획재정부 장관이 지정기부금단체로 지정한 날 이전에 기부한 기부금에 대하여는 기부자가 세제혜택을 받을 수 없다.

[해설] 지정기부금단체의 지정은 기획재정부 장관이 분기별로 고시한다. 연도 중간에 고시된 경우 연간 전체에 걸쳐 지정기부금단체로 지정된 효과가 발생한다.

문 11. ② 준예산의 목적은 수입과 지출에 편성된 예산과 실제 수입과 지출의 차이가 크게 발생하는 문제를 해결하기 위하여 고안된 것이다.

[해설] 비영리법인은 회계연도 개시 전에 주무관청에 예산을 편성하여 보고하여야 하고, 이의 범위 내에서 자금을 지출하여야 한다. 하지만 예산편성이 늦어질 수 있는데 회계연도 개시일 전에 예산이 확정되지 않은 경우에도 인건비, 필수경비, 유지관리비, 법률상 지급의무가 있는 비용은 전년도 예산에 준하여 지출할 수 있다. 이를 준예산이라고 한다.

변동예산은 산업협력단의 예산에 적용되는 것이다. 산합협력단은 목적은 수입과 지출에 편성된 예산과 실제 수입과 지출의 차이가 크게 발생하는 문제가 발생한다. 따라서 추가경정예산을 편성하여 교육부장관에게 보고하는 것이 현실적으로 매우 어렵다. 이러한 이유로 산학협력단장은 변동예산을 편성하여 자금을 지출할 수 있다. 변동예산은 주무관청에 보고와 승인을 요하지 않는다.

문 12. ① 수익사업회계의 기본금

[해설] 사립대학의 일반업무회계의 재무상태표에서 출자금은 수익사업회계의 기본금

을 의미한다.

문 13. ② 비영리재단법인을 설립하기 위해서는 출연된 재원 또는 회비 등으로 조성되는 재원이 목적사업을 달성하기 충분하여야 설립할 수 있다.

[해설] 비영리법인이 설립되기 위해서는 목적사업을 달성하기 위한 충분한 재원이 확보될 수 있는 계획이 있어야 한다. 하지만 재단의 재원은 구성원의 회비에 의하여 조달되는 것이라, 출연된 재산자체로 확보되는 것이다.

문 14. ② 시민사회단체 회계처리 규정

[해설] 사학기관 재무·회계 규칙에 대한 특례규칙, 의료기관 회계기준 규칙, 산학협력단 회계처리규칙, 사회복지법인 및 사회복지시설 재무·회계규칙은 주무관청이 정한 시행규칙 또는 행정규칙에 의한 회계기준으로 동 기준에서 정한 의무적용대상 비영리법인은 이에 따라 재무제표를 작성하여야 한다. 시민사회단체 회계처리 규정은 일부 시민단체의 의해 제정된 것으로 일부 시민단체에서 적용하는 것이다.

문 15. ② 운영성과표

[해설] 의료기관 회계기준 규칙에서 정하고 있는 재무제표는 재무상태표, 손익계산서, 기본금변동계산서, 현금흐름표이다. 운영성과표는 사립대학회계에서 손익계산서와 유사한 기능을 하는 재무제표이다.

문 16. ① 토지

[해설] 토지는 사립학교의 기본재산을 구성한다. 기본재산은 교육용 기본재산과 수익용 기본재산으로 구분될 수 있다. 교육용 기본재산에 해당하는 토지는 교비회계에 수익용 기본재산에 해당하는 경우에는 수익사업회계로 귀속된다. 따라서 법인일반회계의 재무제표(대차대조표) 나타나기 어려운 계정과목이다. 한편, 설치학교는 법인일반회계에서 교비회계의 기본금과 대응되는 계정이며, 출자금은 수익사업회계의 기본금과 대응되는 계정이다. 또한 법인 사무국에 집기와 비품이 존재할 것으로 예상할 수 있다.

문 17. ③ 기금회계

[해설] 기금회계는 사립대학회계에서 비등록금회계를 말한다.

문 18. ④ 12,340,000

[해설] 합산재무상태표는 법인일반업무회계와 교비회계를 합산한 것으로 내부거래는 제거한 것이다. 여기서 중복계정인 설치학교와 교비회계의 기본금계정은 상계되는 내부거래에 해당된다.

법인회계＋교비회계＝합산재무제표
교비회계＝등록금회계＋비등록금회계
합산재무제표의 자산총계＝3,840,000＋6,300,000＋3,450,000－1,250,000
＝12,340,000

문 19. ② 1,150,000

[해설] 법인회계의 출자금은 수익사업회계의 기본금과 일치한다.

문 20. ① 법인일반

[해설] 사립학교연금법에서는 사학연금의 고용주부담분은 교비회계가 아니라 법인에서 부담하도록 규정하고 있다. 이에 따라 사학연금의 고용주부담분을 법인일반업무회계에서 교비회계로 전출하게 된다. 이것이 법정부담전출금이다.

문 21. ④ 2,800,000

[해설] 임의적립금＝임의기금 (주식투자가 없는 경우에는 기금의 평가손익이 발생하지 아니함)
당기 적립금＝2,600,000
운영차액대체액 → 기금의 감소를 의미함.
제적립금대체액 → 기금의 증가를 의미함.
따라서 당기에 감소한 순기금감소액은 200,000
전기 임의기금은 2,600,000＋200,000＝2,800,000

문 22. ④ 비등록금회계

[해설] 기부금수입은 비등록금회계에서만 받을 수 있다. 여기서 법인계좌로 기탁한 사실과 회계의 귀속은 무관하다.

문 23. ② 4,500

[해설] 어학원은 등록금수입이 아니라 별도의 수강료수입에 해당한다. 휴학한 학생이 납입한 등록금은 선수금에 해당된다. 따라서 교비회계에서의 등록금수입은 3,000＋1,700－200＝4,500이 된다.

문 24. ① 11,900

[해설] 의료수익은 본인부담금과 건강보험공단 및 보험회사에 청구하는 청구분으로 이루어진다. 여기서 청구분은 회계기간을 달리하여 확정될 수 있는데, 확정되는 시점에 청구분보다 삭감될 수 있다. 삭감된 청구분은 삭감된 회계연도에 귀속된다. 그리고 삭감분에 대하여 이의신청을 할 수 있는데, 이의신청의 과정을 거쳐 추가로 받게

되는 부분도 재확정시점에 귀속되는 의료수익이다. 이는 발생주의회계의 일반적인 원칙과는 차이가 있다. 따라서 의료수익은 8,500+4,000+400−1,000=11,900이 된다.

문 25. ④ 600

[해설] 법인세법에서 이자소득과 배당소득에 대하여는 100%, 기타의 수익사업에서 발생하는 소득에 대하여는 50%의 고유목적사업준비금을 설정할 수 있도록 규정하고 있다. 하지만 사회복지법인 등의 경우에는 조세특례제한법의 규정에 따라서 기타의 수익사업에서 발생하는 소득에 대하여도 100%의 고유목적사업준비금을 설정할 수 있다. 따라서 의료수익은 250+100+250=600의 고유목적사업준비금을 설정할 수 있다.

문 26. ③ 63,400,000

[해설] 의료발전준비금의 기말잔액은 기초금액에서 고유목적사업준비금에서 대체된 금액을 가산하고 환입된 금액을 차감한 금액이 된다. 따라서 88,000,000+18,000,000−42,600,000=36,400,00이 기말잔액이다. 여기서 의료발전준비금의 환입액 42,600,000은 의료발전준비금 회계에서 취득한 의료기구에 대한 감가상각비는 30,600,000와 처분한 의료장비의 미상각잔액은 12,000,000을 가산한 금액이다.

문 27. ① 손금 2,400,000

[해설] 고유목적사업준비금 설정액 45,000,000 손금산입, 의료발전준비금 환입액 42,600,000은 익금산입한다. 따라서 손금산입의 순액은 2,400,000이 된다.

문 28. ① 900,000,000

[해설] 공익법인의 주식출연에 대한 증여세 과세는 의결권 있는 주식에만 해당된다. 따라서 의결권이 없는 우선주의 출연은 증여세 과세대상이 아니다. 성실공익법인이라는 문구가 없으므로 보통주의 발행주식총수는 500,000주의 5%인 25,000주까지는 출연분에 대하여 증여세가 과세되지 아니한다. 따라서 출연된 주식 중에서 75,000주×12,000=900,000,000에 대하여 증여세가 과세된다.

문 29. ② 모든 비영리내국법인은 복식부기의 방식으로 장부를 기장하고 이를 비치할 의무는 있지만, 이를 이행하지 않았을 경우에 무기장가산세의 부과대상은 아니다.

[해설] 사회복지법인의 경우 단식부기에 따라 기장하고 있다. 따라서 모든 비영리내국법인은 복식부기의 방식으로 장부를 기장하고 있는 것은 아니다. 또한 복식부기의 무자의 경우 비영리법인의 경우에도 복식부기에 따라 기장하지 않을 때, 무기장가산세가 부과된다.

문 30. ④ 손금으로 계상한 고유목적사업준비금으로서 각 사업연도의 소득금액 계산시 손금불산입된 금액은 그 이후의 사업연도에 있어서 이를 손금으로 추인할 수 있다.

[해설] 고유목적사업준비금의 한도초과분이 다음 회계연도에 이월하여 손금으로 추인되는 것은 아니다.

문 31. ④ 출연재산 운용소득을 1년 이내에 70% 이상 직접공익목적에 사용

[해설] 납세협력의무는 과세행정의 효율을 달성하기 위하여 과세관청에서 협력을 요구하는 것을 말한다. 공익법인 출연재산 등에 대한 보고서 제출의무, 외부전문가의 세무확인 및 보고의무, 공익법인 결산서류 공시의무는 공익법인의 납세협력의무에 속한다. 하지만 출연재산 운용소득을 1년 이내에 70% 이상 직접공익목적에 사용의무는 출연재산에 대한 증여세 비과세혜택을 받기 위한 공익법인의 의무이다.

문 32. ③ 3.4억원

[해설] 출연받은 재산을 매각한 때에는 3년 이내의 기간에 매각대금의 90%를 공익목적에 사용하여야 한다. 이에 미달하는 경우에는 그 차액에 대하여 증여세가 과세된다. 따라서 매각대금의 90%에 미달하는 10억원에 대하여는 증여세가 과세된다. 10억원에 대한 증여세 과세금액은 2.4억원이다. 한편, 2014년에 1차연도에 사용하여야 하는 금액 30억원에 10억원이 미달되게 사용하였다. 이에 대하여는 10%의 가산세 1억원이 부과된다. 따라서 문제에서의 비영리법인은 2.4억원+1억원=3.4억원의 증여세와 가산세를 납부하여야 한다.

문 33. ① 가산세 12,740,000

[해설] 비영리법인은 출연재산의 운용소득을 다음연도까지 70%를 사용하여야 한다. 이에 미달하여 사용시에는 10%의 가산세가 부과된다.
운용소득은 각사업연도소득중에서 고유목적사업준비금 설정액은 가산하고 법인세액은 차감한다. 직전전사업연도 운용소득의 미달사용금액은 다시 가산한다. 이렇게 산정된 금액에 70%가 의무사용금액이다.

따라서 (240,000,000+120,000,000−48,000,000+30,000,000)×0.7=239,400,000이 사용기준액이 된다. 여기에 미달하여 사용한 금액 112,000,000−239,400,000=△127,400,000의 10%에 해당되는 금액이 의무사용미달액에 대한 가산세가 된다.

문 34. ② 600

[해설] 3년 이상의 고유목적사업에 사용한 부동산의 양도에서 발생한 소득은 법인세 과세대상 수익사업이 아니다. 따라서 이에 대하여 고유목적사업준비금을 설정할 필요가 없다.

문 35. ① 불특정다수인으로부터 재산을 출연받은 공익법인을 외부전문가의 세무확인을 받지 않아도 된다. 이 경우 출연자와 그의 특수관계자에 있는 자가 출연한 재산가액이 총 출연재산가액의 3%에 미달하는 경우를 말한다.

[해설] 불특정다수인으로부터 재산을 출연받은 공익법인을 외부전문가의 세무확인을 받지 않아도 된다. 이때 출연자 1인과 그 특수관계자와의 출연재산가액의 합계액이 공익법인이 출연받은 총재산가액의 100분의 5에 미달하는 경우에 한한다.

	당해연도	다음연도
①	세무조정 없음	세무조정 없음

문 36. **[해설]** 고유목적사업준비금은 결산조정을 하는 경우에는 고유목적사업준비금 한도초과분에 대하여만 세무조정이 이루어진다. 상기 문제에서는 결산조정이며 한도초과분에 대한 이야기가 없으므로 세무조정은 없다.

주관식 유형 풀이

문 1. 선의의 제3자에게 그 사실을 주장할 수 있다. 여기서 선의는 정관에 대한 내용을 모르고 법률행위를 한 것을 말한다.

문 2. 지정기부금 단체로 지정되면, 그 단체에 기부하는 기부자는 기부금에 대하여 손금(소득세법상에는 소득공제)으로 인정받을 수 있다. 이는 해당 비영리법인의 입장에서는 기부금의 모집이 용이해짐을 의미한다.

문 3. 비영리법인의 기본재산의 정관으로 기재되어야 하고, 이는 법원에 등기되어야 하는 사항이다. 따라서 기본재산의 처분에는 법원의 허가를 필요로 한다. 이러한 이유에서 비영리법인의 기본재산에 대한 담보권의 실행에 어려움이 있을 수 있다.

문 4. 의료법인 회계처리규칙에서 정하고 있는 고유목적사업준비금과 법인세법상 계상된 의료발전준비금은 의료기관의 비유동부채를 구성한다. 일반적으로 인정된 회계기준에서 부채는 미래에 경제적 자원이 유출될 것으로 기대되는 현재의 의무를 말하는 것이다. 하지만 상기 재무제표에서 의료발전준비금 150,000과 고유목적사업준비금 100,000은 이익잉여금을 처분으로 부채로 분류된 것이다. 즉, 실질에서는 자본의 구성항목인 이익잉여금과 본질적으로 같다. 따라서 고유목적사업준비금과 의료발전준비금을 자본항목으로 재분류하여 부채비율을 계상하여야, 한국의료재단의 경제적 실질을 나타낼 수 있다.

$$수정\ 부채비율 = \frac{2,740,000 - 150,000 - 100,000}{1,100,000 + 150,000 + 100,000} = 184\%$$

의료기관 손익계산서에서 같은 이유로 의료발전준비금전입액 고유목적사업준비금전입액은 비용항목으로 보고되지만, 경제적 실질에서는 비용항목으로 보기 어렵다. 이와 유사하게 환입액의 경우 이익으로 보고되지만 이익으로 보기 어렵다. 이를 조정하여 자산수익률을 재계산필요가 있다.

$$수정\ 자산수익률 = \frac{20,000 + 22,000 - 2,000 + 10,000 - 8,000}{3,840,000} = 1.09\%$$

수정된 부채비율과 자산수익률은 영리법인에게 적용되는 회계기준을 적용한 부채비율과 자산수익률이라고 볼 수 있다. 수정된 부채비율과 수정된 자산수익률이 한경은행의 영리법인의 신용여신의 허가기준을 충족한다.

문 5. 학교는 건물에 대한 감가상각비에 대하여 건축기금을 적립할 수 있다. 건축기금 5,000,000을 인출하여 교사를 신축을 하였으므로 당기의 임의건축적립금은 기초잔액 15,000,000+당기 적립액 1,700,000−인출액 5,000,000=11,700,000이다. 따라서 당기의 임의적립금 합계는 42,700,000이 된다. 즉, 전년도에 비하여 7,300,000이 증가하였다.

운영차액대체액은 적립한 기금의 감소액과 일치한다. 유가증권에 투자하여 평가손익이 발생한 경우가 아니면 재무상태표상의 임의기금과 임의적립금은 일치한다. 따라서 운영차액대체액이 23,700,000이 의미하는 것은 당기의 임의적립금이 증가한 것을 말한다.

제적립금대체액은 기금의 증가액과 일치한다. 제적립금대체액은 임의적립금순증가액에서 운영차액대체액을 합산한 금액 7,300,000+23,700,000=31,000,000이 된다.

문 6. 이자소득만 있는 비영리법인이 이자소득에 대하여 분리과세방법을 적용하여 과세표준을 신고하지 않고 종결할 수 있다. 이러한 방법을 선택하는 경우 법인세과세표준신고의 의무가 경감되는 장점이 있지만, 기납부한 이자소득에 대한 원천징수세액은 환급받지 못한다.

또 다른 대안으로 이자소득만 있는 비영리법인은 법인세법 제62조 및 법인세법 시행규칙 제82조 제2항에 따라 간이신고서식에 의하여 법인세 과세표준을 신고하는 방법이다. 이 경우에는 법인세 신고의 비교적 간편하게 할 수 있으으며, 원천징수된 세액을 환급받을 수 있다.

문 7. (1) 고유목적사업준비금 1천만원을 익금산입함.

(2) 미사용 고유목적사업준비금에 대한 이자상당액을 가산금으로 납부함.

① 미사용액 1천만원을 손금산입하지 않은 경우의 법인세액
(2억+1천만원)×22%=22,200,000원
여기서 2010년 법인세율은 10%임 (2억초과분: 22%)

② 미사용액 1천만원을 손금산입한 경우의 당초 법인세액 : 20,000,000원

③ 법인세액의 차액
22,200,000−20,000,000=2,200,000원

④ 이자상당액 계산=2,200,000×(365+366+365+365+365)×3/10,000
=1,205,160원

문 8. 비영리법인이 경영권의 상속의 수단으로 이용될 수 있는 것은 재단법인이 지주회사의 역할을 할 수 있다는 점이다. 중소기업의 경우 대개의 경우 1인 주주 또는 그와 특수관계자가 대부분의 지분을 소유하고 있다. 반면에, 대규모기업집단의 대주주의 경우에도 지분회사를 이용하여 소수의 지분으로 전체 기업집단의 경영을 지배한다. 따라서 중소기업보다는 대규모기업집단에서 경영권의 세습의 목적으로 재단법인이 이용될 수 있다.

찾아보기

[저자 약력]
서울시립대학교 세무학과 졸업(경영학사)
성균관대학교 일반대학원 회계학과 졸업(경영학 석사)
성균관대학교 경영전문대학원 경영학과 졸업(경영학 박사)
KPMG삼정회계법인 공인회계사
한국전자통신연구원 연구원
신우회계법인 공인회계사
효림회계법인 공인회계사(파트너)
성균관대학교 경영대학 경영학부 초빙교수
현) 한경국립대학교 경영학과 교수

비영리회계입문

2025년 2월 25일 초판2쇄
2017년 2월 28일 초판발행

저 자 강나라
발행인 이구만
발행처 유원북스
04091 서울특별시 마포구 토정로 222,
한국출판콘텐츠센터 416호
대표전화 (02)593-1800 Fax (02)6455-1809
등록 2011. 9. 6. 제25100-2012-3호
www.uwonbooks.com uwbooks@daum.net

정 가 20,000원 ISBN 978-89-97926-64-0

이 도서의 국립중앙도서관 출판예정도서목록(CIP)은 서지정보유통지원시스템 홈페이지(http://seoji.nl.go.kr)와 국가자료공동목록시스템(http://www.nl.go.kr/kolisnet)에서 이용하실 수 있습니다. (CIP제어번호 : CIP2017005402)